한국기술혁신학회 창립 20주년 기획연구 ❶

한국 과학기술정책 연구

성찰과 도전

"과학기술이 만드는
더 행복한 사람, 더 좋은 세상을 꿈꾸며"

인류문명의 역사는 과학기술의 역사라고 해도 과언이 아닐 것이다. 새로운 과학기술 지식의 발견과 응용은 기존을 뛰어 넘는 혁신적인 생산방식을 창출하였고, 이를 통해 경제구조, 사회제도, 정치체계, 사상 등 사회(societal) 전체가 혁명적으로 변화되었기 때문이다.

이러한 과학기술과 사회변화와의 상호관계는 지금도 여전히 진행 중이라고 할 수 있다. 최근 세계적으로 최대 화제인 제4차 산업혁명은 정보통신, 생명공학, 물리학 등 최첨단 기술의 융합으로 파괴적인 기술혁신이 일어나는 것이며, 이는 다시 정치, 경제, 사회, 교육, 문화 등의 모든 영역에서 과거와는 비견할 수 없는 혁명적인 변화를 가져 올 것으로 예측되고 있다. 미래의 거대한 변화 또는 혁명의 출발점이 과학기술 지식이라는 사실에 세계인이 동의하고 있는 것이다.

이런 시점에서 과학기술정책을 연구하는 학문 공동체는 몇 가지의 의문을 가질 수밖에 없게 된다. 우리 사회 전반의 가장 큰 변화요인으로 작용하는 과학기술 현상을 종합적·체계적으로 연구하는 독자적인 학문 분야가 존재하는가? 이미 있다면 그 학문은 다른 학문과 구별되는 정체성을 가지고 있는가? 또한 그 학문 분야는 사회문제를 신속하게 연구주제로 받아들이고, 그 연구결과는 정부정책에 충분히 반영되어 해당 사회문제의 해결에 기여하였는가?

2017년에 창립 20주년을 맞이한 한국기술혁신학회 역시 앞에서 제기한 질문으로부터 자유로울 수 없을 것이다. 지난 20년 동안 한국기술혁신학회는 회원들의 활발한 연구활동과 적극적인 정책참여를 통하여 우리나라 과학기술정책의 합리성과 타당성 제고에 많은 기여를 한 것이 사실이다. 이에 더하여 앞으로도 우리 학회는 제4차 산업혁명, 선도형 혁신, 산업간·지역간·세대간 격차해소, 고용 없는 성장 등 선례가 없는 국가·사회의 정책문제를 해결할 수 있는 과학기술정책 지식을 제공할 수 있어야 할 것이다.

따라서 한국기술혁신학회가 과학기술정책 분야에서 대표적 학회로서의 역할을 성공적으로 수행하기 위해서는, 신생 학문인 '과학기술정책학' 또는 '과학기술정책 연구' 자체의 과학화와 이론화를 위한 학문적 노력을 경주해야 할 것이다. 지금까지 성공적이었던 정부정책이 앞으로도 더욱 빛을 발하기 위해서는 학문공동체가 과학적이고 합리적인 증거에 의해 뒷받침된 정책지식을 제공해야 하기 때문이다.

이런 문제의식에서 한국기술혁신학회는 창립 20주년을 맞이하여, '한국 과학기술정책 연구 : 성찰과 도전'이라는 기획연구를 2017년 3월부터 1년여에 걸쳐 수행하였다. 이 연구는 그동안 한국기술혁신학회를 비롯한 과학기술정책 학계가 수행한 연구성과를 겸허하게 성찰하고, 이를 바탕으로 우리나라 과학기술정책 연구의 담대한 도전을 준비하기 위한 목적에서 수행되었다. 이러한 기회를 통하여 우리 모두는 과학기술정책 연구의 빛나는 어제와 오늘을 되돌아보고 희망찬 내일을 그려보는 시간을 갖게 되기를 기대한다.

이 기획 연구는 한국기술혁신학회의 회원뿐만 아니라 그동안 직·간접으로 한국의 과학기술 현장을 지켜본 많은 분들의 참여가 있어 가능할 수 있었다. 우선, 성찰에 해당하는 '과학기술정책 연구의 패러다임, 지식구조, 역할'을 위해 같이 고민하고 담당 논문을 작성한 권기석 교수, 김은미 교수, 오현정 선생, 정서화 박사에게 깊은 감사를 드린다. 또한 한국기술혁신학회의 창립 20주년 기념 원탁토론회에서 '과학기술정책 연구의 미래 도전'을 위해 기탄없는 의견을 주신, 한국과학기술기획평가원(KISTEP)의 임기철 원장, 대구경북과학기술원(DGIST)의 강대임 융합연구원장 겸 연구부총장, 한국표준과학연구원(KRISS)의 박상열 원장, 한국기술혁신학회의 설성수 명예회장 겸 한남대 교수, 과학기술연합대학원대학교(UST)의 한유리 학생에게도 감사드린다.

신록이 싱그러운 2018년 5월 초순
대한민국 혁신의 발원지 대덕에서

참여한 모든 분들께 감사하며, 이찬구

차 례

❝

Reflection of Last 50 Years

❞

지난 50년의 성찰

지난 50년의 성찰

사회과학은 해당 분야에서의 '현상설명'(진단)과 '문제해결'(처방)의 합리적인 균형을 추구해야 한다. 과학적이고 체계적인 현상설명에 근거하지 않은 문제해결은 정책실패로 이어질 것이고, 합리적이고 효과적인 문제해결에 기여할 수 없는 현상설명은 탁상공론에 머물 것이기 때문이다. 학문에서의 현상설명은 사실(fact) 영역에서의 인과관계를 밝히고자 하는 것으로서, 주로 실증적이고 경험적인 양적 연구방법(quantitative method)을 활용하게 된다. 이에 반하여 문제해결은 그 분야가 당면하고 있는 각종 정책문제를 해결하고자 하는 가치(value)의 영역으로서, 상대적으로 해석적이고 규범적인 질적 연구방법(qualitative method)이 선호되는 경향이 있다.

이러한 학문의 균형적인 역할에 대한 이상(理想)에도 불구하고, 그동안 많은 사회과학에서는 핵심 연구대상의 특성과 방법론적인 제약 등으로 특정 역할에 치중하는 현상이 강하게 나타나곤 하였다. 그러나 학문간 또는 연구 분야간 융·복합화가 지속적으로 진행되면서 사실의 영역과 가치의 영역이 점차 수렴되는 경향을 보이고 있다. 학문에서 사실과 가치의 균형을 추구하고자 하는 노력은, 오래 전에 Lasswell 등에 의해 정책학(Policy Sciences)이라는 새로운 학문의 등장과 발진으로 결실을 맺게 되었다고 할 수 있다.

과학기술정책학 또는 과학기술정책 연구(Studies on Science and Technology Policy)는 가장 단순하게 '과학기술'이라는 현상을 정책학적 관점과 방법론(Policy Sciences Approach)으로 연구하는 학문 분야라고 정의할 수 있을 것이다. 따라서 과학기술정책 연구 역시 다른 사회과학과 마찬가지로 과학기술을 둘러싸고 나타나는 사회현상을 과학적이고 객관적으로 설명할 수 있어야 함은 물론 과학기술 분야에서 발생하는 각종 정책문제를 합리적이고 효과적으로 해결할 수 있는 역량을 동시에 갖추어야 할 것이다.

2017년은 대한민국 과학기술사에서 한 획을 그을 수 있는 의미 있는 해이다. 대한민국의 과학기술은 2017년에 현대적 의미의 과학기술정책 50년, 본격적인 과학기술정책 연구 30년, 학문 공동체인 학회 창립 20주년을 맞이하기 때문이다. 즉, 1976년 과학기술처의 설립으로 정부 차원의 공식적인 과학기술정책이 추진되기 시작하였고, 1987년에 과학기술정책연구평가센터(현, 과학기술정책연구원)가 설립되어 과학기술정책 연구가 본격화·체계화되었으며, 1997년에는 한국기술혁신학회가 창립되어 융·복합적인 과학기술정책 연구의 산실이 되었기 때문이다.

한편, 대한민국은 20세기 초·중반에 식민통치와 민족상잔을 겪었지만, 21세기에는 세계가 부러워하는 경제 부국으로 성장·발전하였다. 이 과정에서 정부는 과학기술을 경제성장의 핵심 동인으로 설정하고 과학기술을 진흥하기 위한 다양한 정책을 시행하였다. 이러한 정부의 성공적인 여러 과학기술정책은 정책전문 연구기관과 학회 등 학문 공동체의 적실성 있고 합리적인 정책개발과 정책분석 등의 뒷받침이 있었기에 가능할 수 있었다.

이처럼 지난 50년 동안 우리나라의 과학기술정책은 정책 현장과 연구계의 상호작용으로 놀라운 성장과 발전을 이룩할 수 있었다. 특히, 이 과정에서 우리나라의 과학기술정책 연구계는 분야와 시기에 따라 현안으로 대두되던 과학기술 정책문제 해결에 적지 않은 기여를 한 것이 사실이다. 그러나 이와 같은 정책적 측면(policy perspective)에서의 성과에도 불구하고, 우리나라의 과학기술정책 연구가 학문적 관점에서도(academic perspective) 충분한 발전이 이루어졌는가는 의문이라고 할 수 있을 것이다. 길게는 50년, 짧게는 30년 이상의 역사를 가지고 있는 우리나라의 과학기술정책 연구가 현안으로 대두되는 문제해결에만 치중하고, 독자적 학문으로서의 정체성 확보와 문제해결 능력의 지속가능성을 높이기 위한 이론적 연구에는 소홀하지 않았나 하는 물음에 우리 스스로가 답해야 할 시점이라고 할 것이다.

다시 말해, 2017년 현 시점에서 대한민국의 과학기술정책 연구자와 학문 공동체는 다음과 같은 세 가지의 질문에 대한 깊은 성찰이 필요한 시점이라고 생각한다.

첫째, 학문 정체성에 관한 것으로, 과학기술정책 연구가 다른 학문 분야와 구별되는 독자적인 학문으로 인식되고 있는가?

둘째, 연구경향과 지식구조에 관한 사항으로, 그동안의 과학기술정책 연구에서는 어떤 주제들이 다루어졌으며, 그 연구결과는 어떠한 지식구조를 형성하고 있는가?

셋째는 학문의 역할에 관한 것으로서, 과학기술정책 연구는 사회이슈를 제 때에, 충분하게 반영하고 있으며, 연구결과는 정부정책에 시의 적절하게 반영되고 있는가?

이와 같은 물음에 답하기 위하여 한국기술혁신학회의 회원을 중심으로 하는 우리 연구진은 과학기술정책 연구의 정체성(paradigm), 지식구조(knowledge structure), 역할(role)에 대한 양적 연구와 질적 연구를 동시에 진행하였다. 먼저 연구자들은 지난 30년에 걸쳐 과학기술정책 분야의 학문 공동체가 생산한 단행본, 연구논문, 연구보고서 등의 학술 지식을 대상으로 계량분석을 수행하였다. 이를 통하여 2017년 현 시점에서의 과학기술정책 연구의 패러다임 형성 수준, 과학기술정책 연구의 현황과 지식구조 파악, 과학기술정책 연구의 사회 이슈 및 정부정책과의 상호 관계를 밝혀낼 수 있었다.

다음으로 연구진은 한국기술혁신학회와 공동으로 학회 창립 20주년을 기념하는 원탁토론회를 개최하였다. 토론회에서는 지난 20년간 학회 활동에 직·간접으로 참여하여 온 정부출연 연구기관, 연구관리기관, 대학의 관계자와 함께 학문후속세대인 대학원생 등 총 6명이 제4차 산업혁명, 과학기술정책 방향, 학회의 미래 역할을 주제로 토론하였다. 연구진은 이러한 토론을 통하여 과학기술정책 연구에 대한 직접적 이해관계자들의 문제의식, 기대와 이상을 확인할 수 있었다. 또한 이 과정에서 과학기술정책 연구 공동체의 대표성을 가지고 있는 학회의 발전방향에 대한 다양한 견해도 경청할 수 있었다.

이상과 같은 연구결과는 제2장에서 '과학기술정책 연구의 패러다임, 지식구조, 역할'이라는 주제로 3편의 논문으로 완성되었으며, 한국기술혁신학회 창립 20주년 원탁토론회의 내용은 제3장에서 '과학기술정책 연구에 대한 연구현장의 시각'이라는 주제로 정리하였다. 이처럼 양적 연구인 제2장과 질적 연구의 한 유형인 제3장의 통합을 통한 연구는 융·복합적 성격을 강하게 가지고 있는 과학기술정책 연구의 특징을 충분히 살릴 수 있는 연구방법론의 채택이라고 할 수 있을 것이다. 연구진은 이러한 연구방법론의 조합(methodology mix)을 통하여 과학기술정책 연구에서의 정확한 현상설명(진단)과 타당한 문제해결(처방)이 상호 배치되는 것이 아님을 보여 주고자 하였으며, 향후 이를 통하여 과학기술정책 연구의 학문적 정체성이 좀더 견고해짐은 물론 정책적 유용성도 더욱 커질 수 있기를 기대하고 있다.

66

Paradigm, Knowledge Structure, and Role of
Studies on Science and Technology Policy

99

과학기술정책 연구의
패러다임, 지식구조, 역할

1

과학기술정책학의 패러다임 논의
: 학문적 정의와 연구범위를 중심으로

이찬구 · 오현정 · 김은미

이 논문은 「기술혁신학회지」 21(1)(2018.3)에 게재된 내용입니다.

국문요약

　이 논문은 2017년 현재, 우리나라에서 과학기술정책학 또는 과학기술정책 연구가 독자적인 학문 정체성을 가지고 있는가 하는 문제의식에서 수행되었다. 이를 위하여 국내에서 출판된 과학기술정책 관련 단행본 19권을 대상으로, 학문 패러다임 형성의 핵심요소인 학문적 정의와 핵심 연구범위의 논의 여부를 분석하였다. 연구결과는 현 시점에서의 우리나라 과학기술정책학은 패러다임 형성 이전의 단계에 머물러 있다는 잠정 결론을 내렸다.

　이러한 결론에 근거하여 연구자들은 향후 과학기술정책학의 패러다임 완성에 필요한 학문적 정의와 연구범위를 새롭게 제안하였다.

　과학기술정책학은 '과학기술 활동 및 과학기술과 관련된 정치·경제·사회·문화의 제반 현상을 연구·분석함으로써, (1) 과학기술 자체의 발전을 도모하면서 (2) 과학기술을 활용하여 국가와 공공 부문의 문제해결 능력을 높이고자 하는 정책지향적인 학문'으로 정의하였다.

　과학기술정책학의 '연구범위'는 (1) 과학기술 정책과정, (2) 과학기술 공공관리, (3) 연구관리, (4) 기술혁신의 4대 부문으로 제안하였다. 이 중에서 '과학기술 정책과정'과 '과학기술 공공관리'는 이 논문에서 제안하는 과학기술정책학의 정의를 반영하는 새로운 내용이며, '기술혁신'과 '연구관리'는 기존 연구들도 대부분 포함하고 있는 과학기술정책학의 연구범위라고 할 수 있다.

I. 머리말

이 논문은 2017년 시점의 대한민국에서 과학기술정책학 또는 과학기술정책 연구(studies on science and technology policy)가 다른 학문 분야와 구별되는 정체성을 가지고 있는가 하는 문제의식에서 출발하고 있다. 특정한 학문(또는 연구)의 정체성은 학문 공동체 구성원들의 해당 학문에 대한 정의와 그 학문에서 활용되는 고유 이론, 연구 범위, 연구방법 등에 대한 공통의 가치관인 패러다임(paradigm)에 좌우된다고 할 수 있다(Kuhn, 1962, 1977). 즉, 과학기술정책학의 정체성 논의는 과학기술정책학을 연구하고 교육하는 학문 공동체가 공유할 수 있는 학문 패러다임에 대한 논의로부터 출발해야 할 것이다.

2017년 현재, 우리나라에서 과학기술정책학의 연구대상인 현대적 의미의 과학기술정책(science and technology policy)은 50여년의 역사를 가지고 있다. 1967년에 과학기술처가 독립적인 정부 부처로 신설되면서 과학기술정책 활동이 공식화·본격화되었기 때문이다. 그 후 우리나라의 과학기술정책은 예산·조직·인력의 꾸준한 확대, 정책전문연구기관 설립, 관련 학회설립과 전문학술지 발간, 대학원 교육과정 개설, 독립적인 세부 학문분류

설정 등을 통해 실행적인(practical) 면과 학문적(academic) 측면 모두에서 괄목한 만한 성장과 발전을 이루어 왔다.

이처럼 '과학기술정책'이라는 용어가 정책 현장과 학계 모두에서 널리 사용되고 있지만, 이를 이론적으로 설명하는 '과학기술정책학'의 학문적 정의(definition of discipline)와 연구범위(research scope) 등은 명확하지 못한 것이 현실이다. 이러한 불명확성은 다시 과학기술정책학이 타 분야와 차별화되는 분과 학문(discipline)으로서의 패러다임을 형성하고 있는가라는 의문으로 이어지고 있다. 또한 이러한 학문 정체성의 의문을 해결하기 위한 학계의 연구활동 역시 미흡한 것으로 파악되고 있다. 예로서 과학기술 정책 관련 주요 학회인 한국기술혁신학회와 기술경영경제학회의 학술지 게재 논문에서는 물론 정책전문연구기관인 과학기술정책연구원(STEPI)과 한국과학기술기획평가원(KISTEP)의 연구보고서 모두에서 과학기술정책학의 '정체성' 또는 '패러다임'을 주제로 한 연구결과를 찾아볼 수 없는 상황이다. 1)

물론 이러한 현상은 정책대상인 과학기술 자체가 가지는 융·복합적인 특성과 함께 과학기술을 다루는 학문 분야가 다양하여 학문 공동체가 공통의 규범과 가치관을 공유하기가 쉽지 않기 때문일 수도 있다. 그러나 이러한 현실적인 어려움에도 불구하고 과학기술정책학이 독자적인 학문으로서의 정체성을 갖기 위해서는, 정책 참여자와 연구자 등 학문 공동체가 보편적으

---

1) 그럼에도 불구하고 과학기술정책학의 정체성 또는 패러다임의 부분적인 구성요소들을 일부 논의함으로써, 본 연구 주제와 간접적으로 관련이 있는 연구결과로는 남수현 외(2005), 이우성(2005), 정근한 외(2014), 김은미(2017), 과학기술정책연구원·기술경영경제학회(2017) 등이 파악되고 있다.

로 수용할 수 있는 패러다임 정립이 선행되어야 할 것이다.

이러한 필요성에서 이 논문은 과학기술정책을 좀 더 논리적·체계적으로 설명하기 위한 방법의 하나로, 과학기술정책학의 패러다임을 규범적인 차원에서 논의하고자 한다. 이러한 패러다임 논의를 통해 과학기술정책학을 연구하거나 가르치고 배우는 사람은 물론 과학기술정책을 결정하고 집행하는 다양한 이해관계자간에 과학기술정책, 나아가 과학기술정책학에 대한 정의와 연구대상 및 범위에 대한 최소한의 합의가 가능할 것으로 생각하기 때문이다. 또한 학문 공동체가 수용할 수 있는 패러다임 정립은 과학기술정책학이 다학제적인 성격을 유지하면서도 동시에 독자적인 학문 영역으로 발전해 나가기 위한 최소한의 필요조건이 될 수 있기 때문이다.

머리말과 맺음말을 제외한 논문의 전체적인 구성은 다음과 같다. 먼저 2장에서 학문 정체성에 관한 이론적 논의를 수행하고, 이를 바탕으로 현 시점에서 우리나라 과학기술정책학의 학문 정체성과 패러다임 형성의 정도를 판단하고자 한다. 이어 3장에서는 국내 과학기술정책 연구공동체의 대표적 산물의 하나인 단행본을 대상으로 패러다임 형성의 핵심 요소인 학문적 정의와 연구범위 등을 분석하였다. 마지막으로 4장에서는 과학기술정책학의 학문적 정체성을 확보하기 위한 첫 단계로서의 패러다임 정립에 필요한 학문적 정의와 연구범위를 규범적인 관점에서 4가지 유형으로 새롭게 제안하였다.

II. 학문 정체성의 이론적 논의

●

이 장에서는 먼저 특정 학문 분야가 정체성을 갖기 위한 조건들을 논의하고, 이에 근거하여 현 시점에서의 과학기술정책학의 정체성 수준을 판단하였다. 이러한 논의를 통하여 필자들은 우리나라에서 향후 과학기술정책학이 좀 더 굳건한 정체성을 확보하기 위해 필요한 핵심사항을 도출하고자 한다.

1. 학문 정체성의 개념 및 구성요소 논의

특정 연구 분야가 학문 내·외부 공동체에서 학(discipline)으로서 인정받고 있는가 하는 물음은 아리스토텔레스 이래로 모든 학문 분야에서 제기되고 있는 문제라고 할 것이다. 특히, 학문 정체성의 문제는 전통학문 분야보다는 신생학문 분야에서 더욱 중요한 사항으로 작용하게 된다. 일반적으로 학문 정체성은 어떤 연구 분야나 영역이 전공으로 인정받아 독자적인 위상을 갖춘 학문으로 존재하는 상태로 정의할 수 있을 것이다(최외출, 2016: 82).

학문 정체성에 관한 논의는 Kuhn(1962, 1977)의 정상과학(normal science)에 관한 이론이 가장 많이 원용되고 있다. 이에 따르면 과학은 역사적·사회적인 환경변화 속에서 인간에 의해 만들어지는 과정으로 이해하고 있다. 즉, 학문 초창기에는 연구자 집단에서 연구주제나 연구방법 등에서 합의가 이루어지지 않다가, 시간이 지나면서 점차 연구자들 사이에서 학문 활동에 필요한 기본적인 사항에 대한 합의가 이루어지게 된다. 이처럼 특정 연구 분야에서 연구자 집단이 보편적으로 공유할 수 있는 가치나 규범 체계를 Kuhn은 패러다임(paradigm)이라고 명명하였는데, 이러한 패러다임이 형성되면 해당 학문 분야는 정상과학의 위치에 오르게 된다. 이러한 Kuhn의 논의에 의하면 특정한 신생학문 분야가 정상과학 또는 학문 정체성을 갖기 위해서는 해당 분야의 학문 공동체가 공유할 수 있는 패러다임의 형성이 전제되어야 함을 알 수 있다.

Kuhn 이후에 학문의 정체성에 대한 논의는 신생학문 뿐만 아니라 법학, 정치학, 영문학 등의 전통학문 분야에서도 제기되기 시작하면서, 각각의 입장에서 특수한 지식 영역이 '학'(學, discipline)으로 인정받기 위해 필요한 조건들을 논의하고 있다(Shumway and Davidow, 1991; Post, 2009; Krishnan, 2009). 기존 논의들을 종합하면 학문 정체성의 완성을 위해 필요한 사항을, 지적 비전, 공유 목적, 전문지식 체계, 연구대상, 이론과 개념, 연구방법론, 학과, 교육과정, 학회, 학술지 등으로 정리할 수 있을 것이다(최외출, 2016: 86). 그런데 이러한 학문 정체성의 구성요소들은 별도의 위계 없이 동일 선상에서 논의되고 있어, 이러한 구성요소들을 모두 구비해야 정상과학 또는 학문 정체성이 성립될 수 있다는 전제를 가정한다고 할 수 있을 것이다. 그러나 변화하는 사회·정치·경제 환경에의 효과적인 지적(知的) 대응을 위해 탄생하게 되는 신생학문 영역에서는 앞의 모든 구성요소를 단기간에 구비하기가 쉽지 않을 것이다. 따라서 특정 시점에서의 학문 정체성을 판단하기 위해서는 여러 구성요소들 중에서 좀 더 선행적이며 핵심적인 구성 요소를 도출하는 작업이 필요할 것으로 생각한다.

이런 관점에서 학문 정체성의 논의를 내적 정체성과 외적 정체성(집단 정체성)으로 먼저 분류하고, 내적 정체성은 다시 과학적 정체성과 경계 정체성으로 세분류하는 허만용·이해영(2012)의 논의는 과학기술정책학과 같이 아직은 신생학문의 정체성의 정도와 수준을 분석하는데 좀 더 유용할 것으로 판단한다. 여기에서 (1) 과학적 정체성은 학문 자체의 정의, 독자적이고 다른 분야와 구별되는 연구범위와 대상, 고유 이론과 방법론을 가지고 있는가의 문제이며, (2) 경계 정체성은 다른 학문 분야나 지역적 경계를 달리하는 학문 집단과 구별되는 특징의 문제이며, (3) 집단 정체성은 과학적 정체성과 경계 정체성을 공유한 구성원들이 학문 공동체를 구성하며 지속적인 학술활동을 하고 있는가의 문제라고 할 수 있다(허만용·이해영, 2012: 8; 정연희, 2014: 84). 이상의 3가지 정체성 중에서도 과학적 정체성은 전체적으로 학문 정체성을 규정하는 가장 핵심적인 요소라고 할 수 있을 것이다. 만일 특정 학문에서 학문 공동체의 학문 활동을 자율 규제하는 과학적 정체성이 미흡하다면 경계 정체성과 집단 정체성의 근거 논리가 희박해지기 때문이다. 따라서 어떤 분야가 성장과 발전을 거쳐 독자적인 학문체계를 갖추기 위해서는 '과학적 정체성'의 확립이 필수불가결한 것이고, 이러한 과정은 Kuhn이 주장하는 '패러다임' 형성과 유사한 것으로 이해할 수 있을 것이다.

이상의 논의를 종합하여, 이 논문에서는 학문 정체성의 구성요소를 과학적 정체성, 경계 정체성, 집단 정체성으로 구분하여 검토하고자 한다. 특히, 과학적 정체성은 특정 학문의 정체성을 좌우하는 핵심적인 사항이므로, 과학적 정체성의 구성요소를 패러다임의 형성요소로 간주하여 논의를 진행하게 될 것이다.

2. 과학기술정책학의 학문 정체성 검토

본격적인 과학기술정책학의 정체성 논의에 앞서, 국내 다른 학문 분야에서의 활발한 학문 정체성 또는 패러다임 논의 현황을 검토함으로써 과학기술정책학의 학문 정체성을 확립하기 위한 논의의 필요성과 중요성을 강조하고자 한다.

1990년대 이후에 국내에서 전개된 각 학문 분야에서의 정체성 및 패러다임 논의를 종합하면, 국문학(박이문, 2002), 경영학(황호찬, 2000), 교육학(김재웅, 2012) 등 비교적 안정적이라고 여겨지는 분야에서는 물론 정책학(허만용·이해영, 2012), 경찰학(최선우, 2014; 김상호, 2003), 여성학(김승경·이나영, 2006), 비서학(이영희, 1995) 등의 다양한 신생학문 분야에서도 정체성 확립 또는 패러다임 형성을 위한 논의가 꾸준히 이어지고 있다. [2] 특히, 신생 학문에서의 이러한 논의들은 해당 학문이 환경변화에 대응하기 위한 내부 노력의 결과이건 정부정책 등의 외부 요인에 의해 촉발되었건 간에, 자신들의 학문 정체성을 가능한 한 조속히 확보하고자 하는 학문 공동체의 자발적인 노력의 산물이라는 점에 주목할 필요가 있다. 너무 당연하지만 학문의 성격과 연구 내용을 규정하고 이를 정치한 이론으로 설명하기 위

---

2) 이외에도 학문 정체성에 관한 논의가 이루어진 신생학문 분야로는, 수학교육학(박경미, 1996), 국어교육학(노명완, 1997), 교육공학(정재삼·금혜진, 2003), 소방학(김상호, 2003; 최성룡, 2008), 스포츠심리학(유진, 2003), 조직행태론(이양수, 2004), 독어독문학(조우호, 2006), 도시행정론(이규환, 2007), 지역학(정해조, 2007), 문화정책연구(홍기원, 2009), 전시학(exhibitionology)(문형욱, 2011), 지역사회복지학(박태영, 2012), 공공감사학(박희정, 2013), 여성체육학(유정애, 2014), 관리론(김동원, 2016), 문화예술교육(정연희, 2014), 새마을학(최외출, 2016) 등이 파악되고 있다.

한 방법론을 개발하려는 학문 공동체의 자발적이고 적극적인 학술 활동이 수반되지 않는다면 해당 학문의 존립 자체가 불가능할 것이기 때문이다.

이런 관섬에서 과학기술 활동의 정책, 기획, 관리, 제도 등을 연구대상으로 설정하고 있는 기술혁신론, 기술경영론, 과학기술정책 연구 등의 분야에서는 학문 정체성 또는 패러다임 형성에 관한 연구가 전무한 것으로 파악되고 있다. 다만, 기술혁신연구의 지식흐름 계량분석(남수현 외, 2005), 혁신정책의 범위 설정(이우성, 2005), 과학기술 기획 및 정책 개념 정립(정근한 외, 2014), 과학기술 정책연구의 실증분석(김은미, 2017), 기술혁신연구의 현황과 과제(과학기술정책연구원·기술경영경제학회, 2017) 등의 연구가 간헐적으로 이루어졌을 뿐이다. 이러한 부분적이고 간접적인 연구마저도 우리나라 과학기술정책의 50년 역사에 비추어 보면, 타 학문 분야에 비해 많이 늦고 부족하다는 평가가 가능할 것이다.

이상과 같은 관련 분야의 연구실적에 근거할 때, 과학기술정책학의 정체성 확립에서 가장 핵심적인 과학적 정체성 또는 패러다임 형성은 그 자체를 판단할 수 없는 상황이라고 할 수 있다. 즉, 선행 연구를 통해서는 과학기술정책학의 고유한 연구범위 및 대상, 이론과 방법론을 확인할 방법이 없기 때문이다.

또한 '과학기술정책 연구'라는 용어가 빈번하게 사용되고 있어, 또 다른 학문 정체성의 핵심 요소인 경계 정체성이 외견상으로는 다른 연구 분야와는 구별되는 것처럼 보이고 있다. 그러나 핵심 연구범위와 이론 등에서 관련 학문 분야인 정책학, 행정학, 경영학, 경제학, 기술혁신론, 과학학 등과의 경계가 명확하지는 않은 것으로 판단되고 있다. 즉, 과학기술정책학은 자신만의 이론과 방법론으로 과학기술정책을 구성하는 대상들을 연구하는 것이 아니라, 모(母)학문의 이론과 방법론을 비판 없이 차용함으로써 과학 기술정책의 특성을 충분히 반영할 수 있는 이론체계를 아직은 구성하지 못하고 있다고 할 것이다(김재웅, 2012).

이와 달리, 집단 정체성은 비교적 많이 완성된 것으로 판단할 수 있다. 우선 학문 공동체의 물리적 구심체 역할을 할 수 있는 정책전문연구기관인 과학기술정책연구원(STEPI)과 한국과학기술기획평가원(KISTEP)이 각각 1987년과 1999년에 설립되었고, 기술경영경제학회와 한국기술혁신학회가 1992년과 1997년에 각각 창립되었기 때문이다. 이들 연구기관과 학회는 과학기술정책을 구성하는 다양한 내용을 분석하고 해결하기 위한 연구 결과를 연구보고서와 학술지(기술혁신연구, 기술혁신학회지)를 통해 발간하고 있다. 또한 이에 더하여 우리나라의 여러 대학에서는 기술혁신, 기술경영, 기술정책, 과학기술정책 등을 핵심 교육 내용으로 하는 대학원의 석·박사 과정이 운영되고 있다. 3)

종합적으로 과학기술정책학은 '집단 정체성'은 어느 정도 완성된 것으로 볼 수 있으나, 정상과학 또는 학문적 정체성 확보에 필수적인 '과학적 정체성'과 '경계 정체성'은 아직은 미흡한 것으로 판단할 수 있다. 따라서 향후 과학기술정책학이 정상과학으로서의 학문 정체성을 확보하기 위해서는 독

---

3) 2017년 현재 국내의 여러 대학이 과학기술정책 관련 대학원 교육과정을 운영 중에 있다. 학교별로 강조하는 학문적 특성이 다르기는 하지만 특정 학문이나 분야에 치우치지 않고 과학기술정책과 관련된 내용 전반을 비교적 고르게 교육과정에 포함하고 있는 곳은, 서울대학교 공과대학 협동과정 기술경영경제정책전공, 연세대학교 대학원 기술정책 협동과정, 고려대학교 대학원 과학기술학 협동과정, 한양대학교 대학원 과학기술정책학과, 과학기술연합대학원대학교(UST) 과학기술경영정책 전공, KAIST 과학기술정책대학원, 충남대학교 국가정책대학원 과학기술정책 전공, 부경대학교 기술경영전문대학원 과학기술정책 협동과정 등의 8개 과정으로 파악된다.

자적인 연구범위와 대상, 고유 이론과 연구방법론 등을 확립할 필요가 있고 이는 패러다임 정립의 문제로 연결될 것이다.

한편, 패러다임 정립을 위해서는 독자적인 연구범위와 대상, 고유 이론과 방법론을 동시에 갖추는 것이 필요하나, 순서상으로는 연구범위와 대상에 대한 학문 공동체의 공감대가 먼저 형성되어야 이를 뒷받침할 수 있는 이론과 방법론의 개발이 가능하다고 할 수 있다. 이런 관점에서 이 연구에서는 우선적으로 과학기술정책학의 패러다임 형성에 가장 핵심적이라고 할 수 있는 고유한 연구범위를 논의함으로써, 과학기술정책학의 정체성 확립 또는 정상과학으로 가기 위한 출발점으로 삼고자 한다. 이와 별개로, 패러다임 형성의 또 다른 핵심요소인 고유 이론과 방법론에 관한 사항은 추후 지면을 달리하여 지속적인 연구를 진행하게 될 것이다.

III. 과학기술정책학의
학문적 정의와 연구범위 검토

과학기술정책학은 '과학기술정책'을 연구하는 학문 분야라고 단순하게 정의할 수 있다. 따라서 과학기술정책학의 학문적 정의와 연구범위는 학문 공동체가 연구대상인 과학기술정책을 어떻게 이해하는 가에 따라 달라지는 것이 당연할 것이다. 이 장에서는 우리나라의 과학기술정책 연구 공동체가 (1) '과학기술정책'과 '과학기술정책학'을 어떻게 정의하고 (2) 이 학문의 연구범위를 어떻게 설정하고 있는 가를 단행본을 대상으로 분석하였다. 여기에서 선행연구의 검토대상을 학술 논문보다는 교과서 중심의 단행본으로 한정한 것은, 특정 분야를 심도 있게 논의하는 논문보다는 전체를 일관하는 교과서 등의 단행본이 본 연구목적 달성에 좀 더 부합하는 연구 자료로 판단했기 때문이다.

1. 과학기술정책 관련 국내 단행본 현황

과학기술정책 관련 단행본 검토를 위해서는 용어 정리가 우선될 필요성이 있다. 실제로 정책현장 및 연구현장에서 과학정책, 기술정책, 연구정책, 연구개발(R&D)정책, 연구기술개발(R&TD)정책, 혁신정책, 기술개발정책, 과학기술혁신(STI)정책, 산업혁신정책 등 다양한 용어들이 사용되고 있다. 이 정책들은 각기 강조하는 정책범위가 다소 다르지만, 과학, 기술, 혁신, 연구개발 등을 핵심적인 정책대상으로 설정하고 있다는 점에서 하나의 용어로 통일하여 사용할 수 있을 것이다. 이런 관점에서 본 논문에서는 용어 자체의 역사가 상대적으로 길면서도 다른 용어들을 모두 포괄할 수 있는 '광의적인 관점'을 내포하고 있는 '과학기술정책'이라는 용어를 사용하고자 한다.

2016년 말을 기준으로 광의의 과학기술정책이 포함할 수 있는 정책 내용을 중심으로, 과학기술정책의 특정 사항이 아닌 전반적인 내용을 학술적으로 다루고 있다고 판단되는 국내의 교과서와 연구보고서 등의 단행본은 19권으로 파악된다. 이들 기존 단행본들은 광의의 관점에서 공통적으로 과학기술정책을 다루고는 있지만, 각 단행본을 저술한 저자들의 학문적 배경과 강조점에 따라 각기 다른 관점에서 논의가 이루어지는 것으로 분석되었다. 즉, 정책학적 관점, 기술혁신 관점, 기술경영 및 경제학적 관점의 세 가지로 분류할 수 있다.

실제로 1980년대부터 발간된 총 19권의 단행본들은 정책학적 관점에서 6권(이가종, 1990; 김종범, 1993; 윤진효, 2006; 최석식, 2011; 이장재 외, 2011; 홍형득, 2016), 기술혁신 관점에서 7권(김인수·이진주, 1982; 박용치, 1983; 설성수 외, 1997; 이공래, 2000; 송위진, 2006; 이원영, 2008; 설성수, 2011), 기술경영 및 경제학적 관점에서 6권(박우희 외, 2001; 김정홍,

<표 1> 과학기술정책 관련 국내 단행본 종합 (연도별)

순서	저자	출판년도	제목	학문적 관점
1	김인수·이진주	1982	기술혁신의 과정과 정책	기술혁신론
2	박용치	1983	혁신의 확산과정	기술혁신론
3	이가종	1990	기술혁신전략	정책학(기술혁신론)
4	김종범	1993	과학기술정책론	정책학
5	설성수 외	1997	기술혁신과 산업·과학기술정책	기술혁신론(경제학)
6	이공래	2000	기술혁신이론 개관	기술혁신론
7	박우희 외	2001	기술경제학개론	기술경영·경제학
8	김정홍	2003	기술혁신의 경제학	기술경영·경제학
9	이종옥 외	2005	R&D관리	기술경영·경제학
10	현병환·윤진효·서정해	2006	신연구개발기획론	기술경영·경제학
11	정선양	2006	기술과 경영	기술경영·경제학
12	윤진효	2006	한국기술정책론	정책학
13	송위진	2006	기술혁신과 과학기술정책	기술혁신론
14	이원영	2008	기술혁신의 경제학	기술혁신론
15	최석식	2011	과학기술정책론	정책학
16	이장재·현병환·최영훈	2011	과학기술정책론 : 현상과 이론	정책학
17	설성수	2011	기술혁신론	기술혁신론
18	이영덕·조석홍	2013	기술경영	기술경영·경제학
19	홍형득	2016	과학기술정책론 : 거버넌스적 이해	정책학

자료 : 이찬구 외(2016: 17)

2003; 이종옥 외, 2005; 현병환 외, 2006; 정선양, 2006; 이영덕·조석홍, 2013)으로, 여러 학문적 관점에서 비교적 균형적으로 발전해왔음을 알 수 있었다. 이들 기존 단행본 현황을 종합하면 아래 〈표 1〉 및 (그림 1)과 같다.

이를 다시 분석대상 저서의 출판 시기와 학문 분야를 교차하여 분석하였다. 시기 구분은 분석의 편의상 크게 3기로 나누었는데, 이를 종합하면 〈표 2〉와 같이 2010년도 이전에는 기술혁신과 기술경영·경제학적 관점에서의 저서가 상대적으로 많았음을 알 수 있다. 정책학적 관점의 저서는 분석대상

(그림 1) 과학기술정책 관련 국내 단행본의 학문 분야별 분류

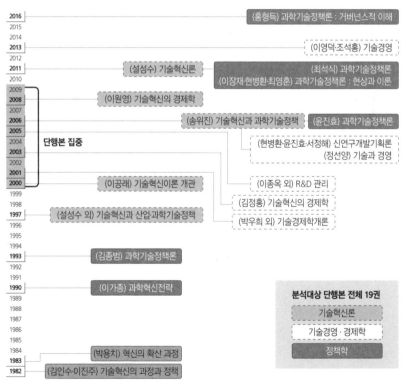

자료 : 이찬구 외(2017), 수정 및 보완

의 전 기간에 걸쳐 나타나고 있는데, 2010년도 이후에 근소하지만 조금 더 많아진 것으로 확인되었다. 예로서 기술혁신 또는 기술경영·경제학적 관점에서의 저서가 2010년 이후에는 다소 정체되고 줄어드는 경향을 보이는 반면 정책학적 관점의 저서는 상대적으로 지속되고 있는 것으로 나타나고 있다. 특히, 2010년도 이후의 정책학 관점의 저서는 저자들의 학문적 배경이 행정학 및 정책학인 점을 고려하면, 과학기술정책학의 학문적 정체성이 과거의 기술혁신 및 기술경영·경제학 관점에서 정책학적 관점으로 전환되고 있다는 예측을 할 수도 있을 것이다. 이와 같이 과학기술정책 연구에서의 정책학적 관점의 강화는, 과학기술의 역할에서 사회문제 해결이 강조되는 전반적인 흐름과도(송위진, 2010) 관련이 있는 것으로 판단된다.

<표 2> 시기별·학문별 과학기술정책 연구 종합 (단위: 권, (%))

구분	2000년 이전	2000~2009년	2010년 이후	합계
기술혁신 관점	김인수·이진주(1982) 박용치(1983) 설성수 외(1997)	이공래(2000) 송위진(2006) 이원영(2008)	설성수(2011)	7 (36.8)
	3 (60.0)	3 (33.3)	1 (20.0)	
기술경영 및 경제학적 관점	×	박우희 외(2001) 김정홍(2003) 이종옥 외(2005) 정선양(2006) 현병환·윤진효·서정해 (2006)	이영덕·조석홍(2013)	6 (31.6)
	0 (0.0)	5 (55.6)	1 (20.0)	
정책학적 관점	이가종(1990) 김종범(1993)	윤진효(2006)	이장재·현병환·최영훈 (2011) 최석식(2011) 홍형득(2016)	6 (31.6)
	2 (40.0)	1 (11.1)	3 (60.0)	
합계	5 (100.0)	9 (100.0)	5 (100.0)	19 (100.0)

자료 : 이찬구 외(2016: 21) 수정 및 보완

2. 과학기술정책'학' 및 과학기술정책의 정의와 범위 유무 검토

과학기술정책학의 패러다임 논의의 출발점으로서, 기존 단행본들이 과학기술정책 연구가 론(論) 또는 학(學)으로서의[4] 독자적인 학문 정체성을 갖기 위한 핵심 요건인 학문 정의(definition of discipline)와 연구범위(research scope)를 논의하고 있는지, 논의한다면 어떤 내용을 포함하고 있는지를 검토해 보고자 한다.

먼저, 본 연구자들이 가장 관심을 가지고 있는 과학기술정책'학' 자체에 대한 정의와 연구범위에 대한 논의는 분석대상 19권 전체 모두에서 명시적으로 찾아볼 수 없었다.[5]

이처럼 특정 분야에서의 독자적인 학문정의와 연구범위가 명확하지 못하다면, 그 학문 분야가 설정하고 있는 연구대상의 정의와 범위를 활용하여 대상 학문의 정의와 연구범위를 설정하는 방법이 가능할 것이다. 이런 관점에서 이 연구에서는 과학기술정책학의 연구대상인 과학기술정책에 대한 정의와 범위에 대한 논의를 먼저 살펴볼 필요가 있다.

---

4) ~론(論)과 ~학(學)은 엄격히 구별되기보다는 혼용되는 경우가 더 많을 것이다. 국립국어원(2016)에 따르면 '론'은 학문 분야를 뜻하는 접미사이며, '학'은 명사로서 어떤 원리에 따라 조직된 지식의 체계를 의미한다. 이러한 개념 정의를 과학기술정책 연구에 적용하면, 정책학의 전문 영역으로서의 과학기술정책 연구는 '과학기술정책론'이라 할 수 있을 것이다. 또한 과학기술정책 연구가 과학정책, 기술정책, 혁신정책 등에 관한 연구내용을 포괄하면서 다른 학문(예컨대, 정책학)과 독자적인 영역으로 존재할 수 있으면 '과학기술정책학'이라 부를 수 있을 것이다.

5) 이가종(1990)과 박우희 외(2001)에서는 과학기술정책을 하나의 연구 분야로 보고 연구영역이나 연구방법에 따라 하위의 연구 분야를 분류하여 제시하고 있다. 그러나 이 역시 하나의 학문분야로서 과학기술정책학의 정의와 연구범위를 제시하시는 못하고 있어 과학기술정책학의 정의와 연구범위를 논의하는 저서라고 보기에는 부족하다고 판단하였다. 다만, 그 내용은 제4장의 논의에 수용할 수 있을 것이다.

그 결과 분석대상 19권의 저서 중에서 과학기술정책의 정의를 내리고 그 범위도 함께 논의하고 있는 저서는 총 3권(최석식, 2011; 이장재 외, 2011; 홍형득, 2016)으로 확인되었다. 그리고 이가종(1990)은 과학기술정책의 정의는 내렸으나 범위에 대한 언급은 없었다. 한편, 9권(김종범, 1993; 설성수 외, 1997; 박우희 외, 2001; 김정홍, 2003; 송위진, 2006; 정선양, 2006; 이원영, 2008; 설성수, 2011; 이영덕·조석홍, 2013)의 저서는 과학기술정책의 정의는 없지만 범위는 직·간접적으로 언급하고 있는 것으로 확인되었다. 그러나 광의의 과학기술을 연구대상으로 하면서도 과학기술정책학 또는 과학기술정책에 대한 정의나 범위에 대한 언급이 없는 저서가 6권으로, 분석대상의 3분의 1 이상을 차지하고 있다.

구체적으로 학문적 관점에 따라 과학기술정책의 정의와 범위가 논의되는 현황을 살펴보면, '정책학적 관점'으로 분류되는 저서들(이가종, 1990; 최석식, 2011; 이장재 외, 2011; 홍형득, 2016)에서만 과학기술정책의 정의가 논의될 뿐이고, '기술혁신 관점'이나 '기술경영 및 경제학적 관점'으로 분류되는 저서 중에서는 단 한권도 과학기술정책에 대한 정의를 논의하고 있지 않다. 이러한 현상은 학문적 관심의 초점에서 기인하는 것으로 추론할 수 있다. 기술경영 및 경제학적 관점의 연구자들이 국가 차원의 정책보다는 기업 또는 산업 수준에서의 기술경영이나 생산성에 좀 더 많은 관심을 갖고 있기 때문일 것으로 생각된다. 또한 기술혁신론 관점의 연구자들은 조직과 시스템의 구성을 통해 기술혁신 활동이 국가차원에서 원활히 이루어지는 것에 관심을 갖기는 하였으나, 좀 더 포괄적인 의미의 과학기술정책학으로 확대하려는 관심이 상대적으로 적었던 것으로 보인다.

다음으로 과학기술정책에 대한 정의는 없으나 그 범위를 언급하고 있는 저서는 모든 학문 분야에서 확인되고 있다. 먼저, 과학기술정책의 정의를 제시하지 않았던 기술경영 및 경제학적 관점의 저서 중에서 과학기술정책의 범위를 논의하고 있는 저서 4권(박우희 외, 2001; 김정홍, 2003; 정선양, 2006; 이영덕·조석홍, 2013)이 확인되었다. 또한 기술혁신 관점의 저서 4권(설성수 외, 1997; 송위진, 2006; 이원영, 2008; 설성수, 2011)과 정책학 관점의 저서 1권(김종범, 1993)에서도 과학기술정책의 범위를 찾아볼 수 있었다.

분석대상 단행본에서 과학기술정책학의 정의 또는 과학기술정책의 정의 및 연구범위를 논의한 결과를 종합하면 〈표 3〉과 같다.

〈표 3〉 학문 분야별 과학기술정책학 및 과학기술정책의 정의 유무 종합

(단위: 권, (%))

과학기술정책학 정의	과학기술정책 정의	범위	기술경영 및 경제학적 관점	기술혁신 관점	정책학적 관점	합계
✕	○	○	✕	✕	최석식(2011) 이장재·현병환· 최영훈(2011) 홍형득(2016)	3 (15.8)
			0 (0.0)	0 (0.0)	3 (50.0)	
✕	○	✕	✕	✕	이가종(1990)	1 (5.2)
			0 (0.0)	0 (0.0)	1 (16.6)	
✕	✕	○	박우희 외(2001) 김정홍(2003) 정선양(2006) 이영덕·조석홍(2013)	설성수 외(1997) 송위진(2006) 이원영(2008) 설성수(2011)	김종범(1993)	9 (47.4)
			2 (66.7)	4 (57.1)	1 (16.6)	
✕	✕	✕	이종옥 외(2005) 현병환·윤진효· 서정해(2006)	김인수·이진주(1982) 박용치(1983) 이공래(2000)	윤진효(2006)	6 (31.6)
			4 (33.3)	3 (42.9)	1 (16.6)	
합계			6 (100.0)	7 (100.0)	6 (100.0)	19 (100.0)

자료 : 이찬구 외(2016: 19) 수정 및 보완

한편, 과학기술정책의 정의와 범위에 관한 논의를 단행본 발간 시기에 따라 다시 분석하여 시대에 따른 논의의 흐름을 분석하였다. 과학기술정책 관련 단행본이 처음 출간된 시점부터 2000년 이전까지, 2000년에서 2009년 사이, 2010년 이후의 3기로 구분했을 때, 과학기술정책의 정의와 범위를 동시에 언급한 저서는 2010년 이후의 최근 저서(최석식, 2011; 이장재 외, 2011; 홍형득, 2016)에서만 확인되었다. 또한 이 시기에 출판된 저서에서는 과학기술정책의 범위와 정의 모두를 언급하지 않은 경우는 없었다. 이와 대조적으로 가장 많은 단행본이 출간된 시기인 2000년에서 2009년 사이에는 과학기술정책의 정의를 논의한 저서는 단 한권도 없는 대신, 과학기술정책의 범위를 명시한 저서는 5권(박우희 외, 2001; 김정흥, 2003; 송위진, 2006; 정선양, 2006; 이원영, 2008)으로 가장 많았다. 그러나 이 시기에는 과학기술정책의 정의와 범위 모두를 다루지 않고 있는 저서의 비율 또한 높게 나타났다.

이를 종합하면 시간이 흐르면서 과학기술정책의 정의와 범위를 다루는 단행본이 증가하는 것을 알 수 있고, 이를 정리하면 〈표 4〉와 같다.

이상의 분석결과를 종합하면, 과학기술정책의 정의와 범위를 모두 논의하는 저서는 3권(15.8%)으로 나타났다. 과학기술정책의 정의를 내리고 있는 최초의 저서(이가종, 1990) 이후에 오랫동안 과학기술정책의 정의에 대한 논의는 없이 산발적으로 정책범위에 대한 논의만 이루어졌던 것은, 과학기술정책이 하나의 학문 분과로서 이론화·체계화되기보다는 당시의 시대적 상황에 맞춰 단편적으로 발전해왔음을 반증하는 것이라고 할 수 있을 것이다. 또한 분석대상의 상당 수(31.6%) 저서가 과학기술정책 자체에 대한 정의를 내리지 않고 있으며, 그 범위에 대한 언급도 하고 있지 않는 것으로 나타났다.

그러나 시기별로는 최근에는 정의와 범위를 함께 논의하는 저서가 여러 권 출현하고 범위에 대한 논의도 지속적으로 나타나고 있어, 과학기술정책의 정의와 범위 측면에서 점차 그 완성도가 높아지고 있다고 볼 수 있다.

50여년의 역사를 가지고 있는 우리나라의 과학기술정책이 향후 시민의 행복추구와 국가 및 사회발전에 성공적으로 기여하기 위해서는 학문적 독자성과 실용성을 겸비한 패러다임 정립이 필요할 것이다. 그리고 이러한 일의 첫 걸음으로 좀 더 보편성 있는 과학기술정책학의 정의와 연구범위를 설정

<표 4> 시기별 과학기술정책학 및 과학기술정책의 정의 유무

(단위: 권, (%))

과학기술정책학 정의	과학기술정책 정의	범위	2000년 이전	2000~2009년	2010년 이후	합계
✕	○	○	✕	✕	최석식(2011) 이장재·현병환· 최영훈(2011) 홍형득(2016)	3 (15.8)
			0 (0.0)	0 (0.0)	3 (60.0)	
✕	○	✕	이가종(1990)	✕	✕	1 (5.2)
			1 (20.0)	0 (0.0)	0 (0.0)	
✕	✕	○	김종범(1993) 설성수 외(1997)	박우희 외(2001) 김정흥(2003) 송위진(2006) 정선양(2006) 이원영(2008)	설성수(2011) 이영덕·조석홍 (2013)	9 (47.4)
			2 (40.0)	5 (55.6)	2 (40.0)	
✕	✕	✕	김인수· 이진주(1982) 박용치(1983)	이공래(2000) 이종옥 외(2005) 윤진효(2006) 현병환·윤진효· 서정해(2006)	✕	6 (31.6)
			2 (40.0)	4 (44.4)	0 (00.0)	
합계			5 (100.0)	9 (100.0)	5 (100.0)	19 (100.0)

자료 : 이찬구 외(2016: 20) 수정 및 보완

하기 위한 학문 공동체의 노력이 필요한 시점이라고 생각한다. 따라서 향후 국내에서 과학기술정책학의 정의와 범위에 관한 논의가 활발하게 이루어지고, 또한 이를 토대로 과학기술정책학의 독자적인 패러다임 형성에 대한 합의가 자연스럽게 이루어지기를 기대하며 이 논문에서 그 논의를 시작한다.

3. 기존 연구에서의 〈과학기술정책〉의 정의와 범위

앞에서 살펴본 것과 같이 과학기술정책의 정의를 내리고 있는 단행본은 모두 정책학적 관점에서 저술되었지만, 범위를 설정하고 있는 단행본은 여러 학문적 관점에서 균형적으로 저술되고 있다. 이하에서는 (1) 동일한 학문적 관점을 견지하지만 시기에 따라 과학기술정책의 정의가 변화하는 양상과 (2) 각기 다른 학문적 배경에서 과학기술정책의 범위를 어떻게 다르게 설정하고 있는지를 구체적으로 논의하고자 한다.

먼저 과학기술정책의 정의를 내리고 있는 저서에서 나타나는 특징은 두 가지로 요약할 수 있다. 첫째, 과학기술정책에 관한 단행본이 출현하기 시작한 매우 초기에 과학기술정책의 정의가 있었음에도 불구하고, 상당히 오랜 시간 동안 과학기술정책의 정의에 대한 추가적인 논의가 없었던 것과 함께 모두 정책학적 관점의 저서라는 점이다. 실제로 과학기술정책의 정의를 언급하고 있는 네 권의 저서 중에서 시기적으로는 이가종(1990)의 「기술혁신전략」이 가장 빠르다. 비록 저서의 제목은 기술혁신 관점처럼 보이지만, 저자의 학문적 배경은 정책학이라고 할 수 있다. 그리고 모든 분석대상 단행본 중에서도 초기 저서에 속하는 이가종(1990)에서 과학기술정책의 정의가 논의된 이후 20년 넘게 과학기술정책의 정의를 논의하는 저서가 나타나지 않다가, 2010년 이후에 출판된 세 권의 단행본(최석식, 2011; 이장재 외, 2011; 홍형득, 2016)이 과학기술정책의 정의를 논의하고 있는데 모두 정책학적 관점을 견지하고 있다.

둘째, 최근의 저서일수록 과학기술정책의 영역이 과학기술 내부에서 외부로까지 확장되어 가고 있다. 가장 먼저 이가종(1990)의 과학기술정책의 정의는 '과학기술의 효율적 개발 및 기술혁신을 위하여 제한된 자원을 필요에 따라 적절하게 동원하고 관리하는 정부활동'으로 요약할 수 있다. 이러한 정의는 과학기술정책의 영역을 과학기술 내부로 한정하여 다소 좁은 의미로 정의하고 있다. 이후 최석식(2011)은 「과학기술정책론」에서 과학기술정책은 '과학기술혁신을 촉진하고 과학적 문화를 창달하기 위한 정책'이라고 정의하여, 이가종(1990)의 정의에 나타난 과학기술정책의 대상에 과학문화 창달을 결합하여 과학기술정책의 영역을 확장하고 있다. 또한 비슷한 시기에 이장재 외(2011)는 「과학기술정책론: 현상과 이론」에서 과학기술정책을 '국민생활에 영향을 미치기 위해 정부가 과학과 기술, 그리고 기술혁신 과정에 개입하거나 혹은 회피하고 있는 일정한 조건 6)을 갖춘 활동 전체'로 정의하고 있다. 이 정의는 가장 최근에 홍형득(2016)이 「과학기술정책론: 거버넌스적 이해」에서도 원용하고 있는 것으로 나타났다.

이들 학자들의 논의를 통하여 과학기술정책의 영역이 과학기술의 내부 사항에서 사회 및 국가문제 해결을 포함하는 과학기술의 외부로 확장되어

---

6) 일정한 조건이란 Ranney(1968: 8)에 따른 공공정책의 구성요소로 (1) 특정의 목표 또는 목적, (2) 바람직한 사건의 경로, (3) 선택된 행동노선, (4) 의도의 선언 (5) 의도의 집행을 의미한다고(이장재 외, 2011: 15 재인용) 설명하고 있다.

가는 것을 알 수 있다. 즉, 과학기술정책의 영역이 과학기술 자체의 증진과 발전을 위한 활동(policy for science)에서 과학기술을 활용하여 국민생활에 영향을 미치는 나양한 정책문제를 해결하기(science for policy) 위한 영역으로 점차 확대되어 가고 있음을 알 수 있다.

이상 주요 연구자들의 저서를 통해 밝혀진 과학기술정책에 대한 정의는 〈표 5〉와 같이 정리해 볼 수 있다.

<표 5> 주요 연구자들의 <과학기술정책>의 '정의' 종합

저자	과학기술정책의 정의	과학기술정책의 영역
이가종(1990)	과학기술의 효율적 개발을 위한 제한된 자원의 적정배분 및 동원에 관한 정책	과학기술 내부로 한정
최석식(2011)	과학기술혁신을 촉진하고 과학적 문화를 창달하기 위한 정책	과학문화 창달 추가
이장재·현병환·최영훈 (2011)	국민생활에 영향을 미치기 위해 정부가 과학과 기술, 그리고 기술혁신 과정에 개입하거나 혹은 회피하고 있는 일정한 조건을 갖춘 활동 전체	과학기술 자체에서 사회 및 국가 문제 해결의 외부성 차원으로 범위 확대
홍형득(2016)		

자료 : 이찬구 외(2016: 20) 수정 및 보완

앞의 과학기술정책 관련 국내 단행본 현황을 통해 확인한 것처럼, 과학기술정책의 정의와 범위를 함께 언급하고 있는 저서를 포함하여 과학기술정책의 '범위'를 논의하고 있는 저서가 다수 있었다. 따라서 이들 저서들을 분석함으로써 기존 연구들이 포함하는 과학기술정책의 범위를 총괄할 수 있을 것이다. 이때 과학기술정책의 정의가 내포하고 있는 과학기술정책의 영역이 점차 확장되어가는 현상을 고려하여 과학기술정책의 '범위'에 대한 논의를 이어나갈 필요가 있다.

과학기술정책의 범위를 논의하고 있는 저서들은 다양한 학문적 관점에서 균형적으로 나타나고 있다. 학문적 관점과 무관하게 많은 저서들이 과학정책, 기술정책, 혁신정책을 과학기술정책의 가장 중심이 되는 범위로 보고 있었으며(김정홍, 2003; 이원영, 2008; 설성수, 2011; 이장재 외, 2011), 이를 뒷받침하기 위한 모든 정부정책까지를 과학기술정책의 범위에 포함시키는 저서도 다수 발견되었다(김종범, 1993; 설성수 외, 1997; 설성수, 2011; 최석식, 2011; 홍형득, 2016).

이와 대조적으로 학문적 관점에 따라 다소 차별되는 경향도 있어서 기술경영 및 경제학적 관점의 일부 저서들은 과학기술정책의 범위를 다소 좁게 설정하고 있다. 이들은 과학기술정책의 범위를 기술경영을 국가차원으로 확장시키는 것을 과학기술정책으로 보고 있다(정선양, 2006; 이영덕·조석홍, 2013). 이러한 견해는 기업단위의 조직을 대상으로 하는 기술경영을 국가를 대상으로 실행 범위를 확장하고 있어 일종의 정책범위 확대를 의미하는 것으로 이해할 수 있을 것이다.

이상과 같은 과학기술정책의 범위에 대한 여러 단행본들의 논의를 〈표 6〉과 같이 정리해 볼 수 있다.

과학기술정책의 범위에 대한 국내·외의 기존 연구를 종합하면, 그 범위 또는 대상을 고정하기보다는 특정 시기의 정책문제와 연관시켜 논의하고 있음을 알 수 있다. 즉, 특정 시점에서 국가·사회가 요구하는 과학기술 분야의 지식 유형에 따라 강조되는 과학기술정책의 범위 또는 대상이 변화한 것으로 이해하는 것이 합리적일 것이다. 이런 관점에서 많은 연구자들이 과학기술정책에 기본적으로 새로운 과학적 지식의 생성에 초점을 맞추는 '과학정책'과, 과학을 활용한 기술능력의 증대와 성과활용을 강조하는 '기술정책'을 공통적으로 포함하고 있다. 또한 1980년대 이후에는 과학기술을 활

<표 6> 주요 연구자들의 <과학기술정책>의 '범위' 종합

학문적 관점	저자	과학기술정책의 범위
정책학	김종범(1993)	기초과학정책, 과학교육정책, 기술도입정책, 기술개발정책
	최석식(2011)	체제론(system theory) 관점에서 세분 - 과학기술 투입 강화 정책, 과학기술 활동 효율화 정책, 과학기술 산출 강화 정책, 과학기술 문화 확산 및 인프라 조성 정책
	이장재·현병환·최영훈(2011)	과학정책, 기술정책, 혁신정책
	홍형득(2016)	산업정책, 경제정책을 비롯한 과학기술의 육성 및 지원과 관련한 모든 정부정책
기술경영 및 경제학	박우희 외(2001)	기술정책을 산업정책 또는 전략적 무역정책의 일부로 설정 - 기술수요정책, 기술공급정책, 기술확산정책, 연구개발 투자정책, 중소기업 혁신정책, 지역혁신정책
	김정홍(2003)	과학정책, 기술정책, 혁신정책
	정선양(2006)	국가차원에서 이루어지는 기술경영
	이영덕·조석홍(2013)	
기술혁신	설성수 외(1997)	과학정책, 기술정책, 혁신정책, 확산정책, 교육정책
	송위진(2006)	혁신체제론적 관점 - 혁신능력의 육성과 공급 정책, 시스템 전환정책, 정책혁신
	이원영(2008)	과학정책, 기술정책, 기술혁신정책
	설성수(2011)	과학정책, 기술정책, 혁신정책, 교육정책 포함. 정부의 모든 정책부문으로 확대

용하여 다양한 분야에서의 혁신을 촉진하고자 하는 필요성에서 '혁신정책'의 중요성이 강조되기 시작하였다. 과학과 기술의 본질은 혁신을 추구하는 것이며, 현대에는 과학과 기술의 공명(共鳴)이 보편적인 현상을 감안하면, 과학기술정책은 과학정책, 기술정책, 혁신정책과 상호 보완적인 개념으로서 당시의 국가·사회가 처한 정책문제의 중요성에 따라 강조점이 달라지는 정도로 이해할 필요가 있다고 생각한다.

Ⅳ. 과학기술정책학의 정의 및 연구범위의 '새로운' 제안

본 장에서는 앞에서 검토한 기존 연구자들의 주장을 수용하면서도 과학기술정책 연구를 향후에 독자적인 학문 영역으로 발전시키고자 하는 관점에서, 과학기술정책의 개념 정의와 이를 연구대상으로 삼는 과학기술정책학의 정의 및 연구범위를 새롭게 제안 및 논의하고자 한다. 여기에서 '새롭다'는 의미는 기존 연구자들의 견해 또는 주장과 상반된다기보다는 이들의 연구결과에 근거하면서도 국가정책에서 과학기술의 변화하는 역할과 과학기술에 대한 국가·사회적 요구를 반영하고자 하는 노력의 일환으로 이해하는 것이 좀 더 설득력이 있을 것으로 생각한다.

1. 과학기술의 역할 변화에 따른 '과학기술정책학'의 정의

본 연구자들은 과학기술정책학을 '과학기술 활동 및 과학기술과 관련된 정치·경제·사회·문화의 제반 현상을 분석·연구함으로써, (1) 과학기술 자체의 발전을 도모하면서 (2) 과학기술을 활용하여 국가와 공공 부문의 문제 해결 능력을 높이고자 하는 정책지향적인 응용 학문'으로 정의하고자 한다. 이렇게 정의하고자 하는 배경에는 오늘날 과학기술의 역할에 대한 개인·사회·국가·국제의 기대가 변화하고 있기 때문이다.

과학기술정책학은 과학기술(science and technology) 현상을 정책학적 관점(policy sciences approach)에서 접근하고자 하는 학문이므로, 연구대상인 과학기술의 역할 변화에 따라 그 정의가 달라질 것이다. 이런 관점에서 최근 국가 정책에서 과학기술의 역할이 '과학을 위한 정책'(policy for science)에서 '정책을 위한 과학'(science for policy)으로 변화하고 있다는 것이 공통적인 인식이나(Brooks, 1964; 송위진, 2010). 이에 따라 과학기술정책도 과거에는 과학기술 자체의 발전을 도모하고 이를 통한 경제성장에 초점이 맞추어졌다면, 최근에는 과학기술정책의 전 세계적인 흐름이 국가·경제·사회·문화의 다양한 정책문제 해결을 위해 과학기술을 합리적으로 활용하고자 하는 문제해결 관점으로 전환되고 있다. 즉, 과학기술은 전통적인 경제성장의 지원자 역할에서 벗어나, 범지구적 이슈인 기후변화, 고령화, 지속가능 성장, 에너지 문제, 국가·지역·산업간 격차, 삶의 질 등과 같은 미래 국가·사회의 정책문제에 선제적이며 적극적으로 대응할 수 있는 정책수단으로서의 능동적 역할이 좀 더 강조되고 있다.

이상과 같은 개념 정의는 과학기술정책학의 연구대상(research object), 과학기술정책학의 목적(academic goals), 과학기술정책학의 응용 학문적(applied science) 성격이라는 측면에서 좀 더 상술할 수 있을 것이다.

첫째는 과학기술정책학의 연구대상에 관한 내용이다. 과학기술정책학의 연구대상에는 과학, 기술, 과학기술, 혁신 등의 활동이 모두 포함되어야 할 것이다. 과학기술정책학은 가장 우선적으로 '과학기술 활동'을 연구하는 학문이다. 엄격한 의미에서의 과학과 기술은 구분되는 개념이기는 하나, 현대에서는 과학과 기술이 상호 영향을 주고받으며 발전함으로 과학기술이라는 용어가 좀 더 보편적으로 사용되기 때문이다. 그리고 이러한 과학기술 활동은 종국에는 발견(discovery)과 발명(invention)을 통한 새로운 경제·사회적 가치의 창출과 활용이라는 혁신(innovation)으로 연결될 때에 의미가 있기 때문이다(이가종, 1990; 이공래, 2000).

또한 과학기술정책학은 과학기술 활동 자체의 연구를 넘어 '과학기술과 정치·경제·사회·문화와의 상호 영향'을 연구해야 할 것이다. 인류의 역사는 과학기술에 의해 가장 큰 영향을 받아 왔고, 현재 우리가 누리고 있는 각종의 과학기술 제품이나 서비스는 시민의 욕구 또는 요구라고 하는 사회적(societal) 영향의 산물이라 할 수 있다. 이러한 과학기술과 사회의 상호작용 관계는 점차 그 범위와 영향력이 커지고 있어 국가정책의 가장 큰 변화 요인으로 작용하는 것이 현실이므로 이에 대한 좀 더 충실한 논의가 필요할 것이다.

둘째는 과학기술정책학의 목적에 관한 내용이다. 과학기술정책학은 1차적으로는 과학기술과 관련 활동에 대한 연구를 통해 전 세계적으로는 물론 특정한 국가·사회에 필요한 '과학기술의 증진과 질적 발전'을 도모하기 위한 공공 부분의 활동을 연구한다. 이러한 과학기술정책학의 1차적인 목적은 기존에 협의의 과학기술정책 연구에서 다루는 많은 내용들을 포함하게 되며, 정책학, 행정학, 경제학, 경영학, 기술혁신론의 많은 기존 이론들이 유용하게 활용될 수 있다. 그러나 연구대상인 과학기술이 다른 분야와는 달리 전문성, 자율성, 장기성 등의 특징을 가지고 있는 만큼 과학기술의 특성을 최대한 반영할 수 있는 합리적인 정책과정의 설계와 효율적인 자원의 동원과 관리에 관한 이론이 뒷받침되어야 할 것이다.

이와 더불어 과학기술정책학은 증진된 과학기술을 활용하여 세계, 국가, 사회, 지역 등의 공공 부문이 처한 다양한 정책문제를 해결할 수 있는 방안을 연구해야 할 것이다. 이는 현대의 많은 사회 및 정책문제가 과학기술과 깊은 연관성을 갖기 때문에 과학기술 자체가 유용한 정책수단이 될 수 있기 때문이다. 과학기술정책학이 '과학기술을 활용한 정책문제 해결'이라는 또 다른 목적을 달성하기 위해서는 인문학, 사회과학, 자연과학, 공학, 의학 등 다른 학문 분야의 다양한 이론들을 직·간접적으로 활용할 수 있을 것이다. 이처럼 기존 학문 분야의 활용가능성에도 불구하고 과학기술이 타 분야와는 다른 특성을 가지고 있는 만큼 모(母) 학문 분야의 일반 이론을 과학기술정책에 적용할 때에는 세심한 주의가 필요할 것이다.

셋째로, 과학기술정책학은 과학기술 및 관련 사회(societal) 현상에 대한 이론적인 분석과 함께 이를 통해 밝혀진 '정책문제를 해결할 수 있는 능력'을 높일 수 있는 응용 학문적 성격이 강조되어야 할 것이다. 따라서 과학기술정책학은 통상의 사회과학과 같이 이론형성과 문제해결을 동시에 추구하나, 문제해결 능력에 좀 더 관심을 기울여야 할 필요가 있다. 이러한 과학기술정책학의 응용 학문적 특성은 연관 학문인 정책학, 행정학, 경제학, 경영학, 기술혁신론 등에서 연유하는 것으로서, 기존 학문들이 활용하는 정량적·실증적 방법론과 함께 해석적·규범적 방법론도 유용한 연구방법론이 될 것이다.

<표 7> 과학기술정책학의 연구대상·목적·성격

연구대상 (research object)	과학, 기술, 과학기술, 혁신 모두 포함
	과학기술 자체의 연구를 넘어 '과학기술과 정치·경제·사회·문화와의 상호영향'을 연구
학문 목적 (academic goal)	정책학, 행정학, 경영학, 경제학, 기술혁신론 등의 이론 활용으로, 학기술의 증진과 질적 발전'을 도모하기 위한 공공 부문 활동 연구
	증진된 과학기술을 활용하여 세계, 국가, 사회, 지역 등의공공 부문이 처한 다양한 사회문제 해결 방안 연구
응용 학문적 성격 (applied science)	과학기술 및 관련 사회(societal) 현상에 대한 이론적인 분석과 함께 이를 통해 밝혀진 '정책문제를 해결할 수 있는 능력' 제고방안 연구

자료 : 이찬구 외(2017) 수정 및 보완

이상에서 논의한 과학기술정책학의 학문적 정의를 설명하기 위한 연구대상, 목적, 성격을 종합적으로 제시하면 〈표 7〉과 같이 나타낼 수 있을 것이다.

2. 과학기술정책학의 연구범위 제안

앞에서 제안한 과학기술정책학은 본질상 학제간 또는 다학제적(interdisciplinary, multi-disciplinary) 성격을 갖게 될 것이다. 따라서 기존의 주요 연구대상이었던 과학기술 활동의 특성 이해, 과학과 사회(societal)의 상호관계, 지식·기술의 창출 및 관리, 과학기술의 활용 등을 다루는 연구 분야는 과학기술정책학의 주요 연구범위에 당연히 포함될 것이다. 이에 더하여 과학기술정책학이 정책학의 특성 중의 하나인 정책지향성과 문제해결성을 좀 더 강화하기 위해서는 과학기술을 대상으로 이루어지는 의사결정(과학기술 정책과정)과 과학기술의 증진 및 활용에 필요한 각종 자원관리(과학기술 공공관리)의 내용이 포함되어야 할 것이다. 이와 같은 '과학기술 정책과정'과 '과학기술 공공관리'의 내용은 그동안 국내 저서에서는 부분적으로 다루어지거나 혹은 중요성의 인식이 매우 낮았던 것으로 파악되고 있다. 이러한 이유 중의 하나로는 과거에는 과학기술 자체의 발전과 증진을 좀 더 중요하게 생각하였기 때문에 정책도구로서의 과학기술의 중요성에 대한 인식이 낮았기 때문으로 해석된다. 그러나 최근 전 세계적 또는 국가적으로 심각한 정책문제로 대두한 기후변화, 고령화, 지속가능 성장, 에너지 문제, 국가·지역·산업간 격차 등은 과학기술로 촉발되었고 또한 과학기술의 적절한 활용으로 그 해결책을 찾을 수 있는 만큼 과학기술에 관련된 정책결정과 자원관리의 중요성이 좀 더 강조될 필요가 있을 것이다.

지금까지의 논의에 근거하여 본 연구자들은 과학기술정책학의 연구범위(research scope)를 (1) 과학기술 정책과정, (2) 과학기술 공공관리, (3) 연구관리, (4) 기술혁신의 4대 부분으로 제안하면서, 과학기술정책의 사회적 역할 변화에 맞추어 4대 연구부문간의 균형성을 추구할 필요가 있다고 생각한다. 이 중에서 '과학기술 정책과정'과 '과학기술 공공관리'는 이 논문에서 논의하여 종합한 과학기술정책학의 정의를 반영하여 새롭게 제안하는 내용이며, '연구관리'와 '기술혁신'은 기존 연구들에서도 대부분 포함하고 있는 과학기술정책학의 연구범위라고 할 수 있다. 따라서 본 연구자들이 제안하는 과학기술정책학의 연구범위는 새롭게 제안하는 과학기술 정책과정과 과학기술 공공관리의 내용을 좀 더 보강하면서 기존의 기술혁신과 연구관리를 정책학적 시각에서 재해석하는 내용 간에 균형을 맞추는 과정이 필요할 것으로 생각한다. 그리고 4대 연구범위는 각각의 내용에 따라 5개 내외의 세부 연구범위를 포함하게 될 것이다.

그리고 앞에서 제안한 4대 연구범위의 분석수준(analytic level)은 구체적인 분석대상에 따라 다소간의 차이가 있겠지만, 과학기술 정책과정은 주로 국가 전체를 대상으로 하는 거시 수준(macro-level)의 내용이, 과학기술 공공관리는 관련 정부 부처와 연구관리 전문기관 등의 중간 수준(meso-level)을 다루는 내용이, 연구관리는 국·공립 연구기관 및 연구자와 같은 미시 수준(micro-level)을 대상으로 하는 내용이 상대적으로 많을 것이다. 이에 반해 기술혁신의 연구내용은 분석수준이 특정되어 있다기보다는 모든 분석수준에서 필요한 기반구조(infrastructure)의 역할을 수행하게 될 것이다. 이상의 논의를 정리하면 〈그림 2〉와 같이 종합할 수 있을 것이다.

(그림 2) 과학기술정책학의 4대 연구범위의 분석 수준

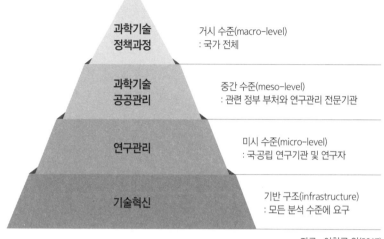

자료 : 이찬구 외(2017)

한편, 앞에서 제안한 4대 연구범위의 분석대상(analytic object)은 개인, 조직·기관, 산업, 지역, 국가, 국제를 모두 포함하거나 또는 연구대상에 따라 일부를 포함하게 될 것이다. 이렇게 분석수준이 미시 수준의 개인에서부터 거시 수준의 국가와 국제까지를 포함한다는 것도 과학기술정책학이 다학제성과 융·복합적인 특징을 갖게 되는 것을 잘 보여주고 있다고 하겠다.

종합적으로 앞에서 논의한 4대 연구범위와 분석수준, 그리고 분석대상을 조합하여 과학기술정책학의 연구범위와 각 연구범위 간의 관계를 도식화하면 (그림 3) 및 (그림 4)와 같이 나타낼 수 있을 것이다.

앞에서 제안한 과학기술정책학의 4대 연구범위가 과학기술정책학의 패러다임 형성에 부합되게 학문 공동체에서 인식되기 위해서는, 각 연구범위의 내용들이 기존 모 학문 분야와의 연계성을 유지하면서도 과학기술정책학의 학문 목적과 응용 학문적 측면에서 재해석되고 발전하는 과정이 필요

(그림 3) 과학기술정책학의 연구범위 제안

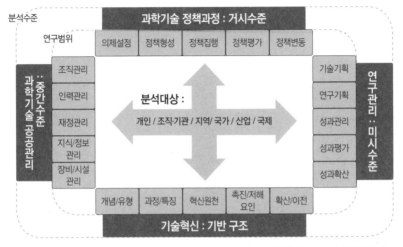

자료 : 이찬구 외(2016: 36) 수정 및 보완

(그림 4) 과학기술정책학의 4대 연구범위 간의 관계

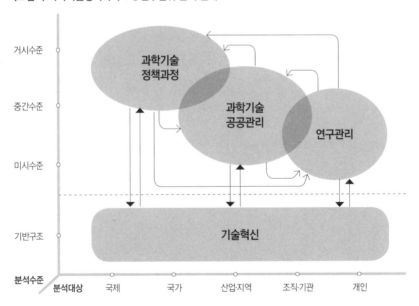

할 것이다. 이러한 관점에서 이하에서는 4대 연구영역이 과학기술정책학의 연구범위에 포함되어야 하는 필요성과 균형적인 향후의 발전 방향을 규범적으로 논의하고자 한다.

첫째, 과학기술정책학이 과학기술 활동을 둘러싸고 발생하는 정책결정·집행·평가 등의 전반적인 정책 활동을 연구하기 위해서는 〈과학기술 정책과정〉을 중요한 연구범위로 설정해야 할 것이다. 물론 과학기술정책도 공공정책의 한 분야이므로 일반적인 정책과정 이론이 적용될 것이나, 과학기술이 가지고 있는 특성으로 인해 정책이론을 그대로 적용하기에는 많은 한계가 있다는 점이 확인되고 있다.

예로서 과학기술의 전문성이라는 특징은 정책의제설정 단계에서 문제형성의 어려움과 정부의제 채택의 편향성 등을 유발할 수 있으며(김훈기, 2003), 정책형성 단계에서는 정책목표의 정확한 설정과 실현 가능한 정책대안의 탐색을 어렵게 만드는 요인으로 작용하기도 한다(이찬구, 2008). 그리고 과학기술의 자율성은 과학기술정책의 집행단계에서 하향적 집행전략보다는 상향적 집행전략이 좀 더 유용할 수 있음을 보여주고 있다(이찬구, 2016). 또한 과학기술의 전문성·장기성·무형적 결과는 과학기술 사업 또는 정책의 평가에서 경제성이나 효과성 중심의 일반적인 정책평가 모형의 적용을 어렵게 하여 전문가 평가(peer review)가 보편적인 평가방법으로 활용되는 현상이 나타나고 있다(이찬구, 2012). 따라서 과학기술정책학에서는 정책과정 전반에 걸쳐 과학기술의 특성인 전문성, 자율성, 장기성 등을 최대한 반영할 수 있는 형태로 정책과정의 각 세부 단계를 설계하고 운용될 수 있도록 이론적인 뒷받침을 하여야 할 것이다. 그리고 과학기술 정책과정에서 다루어야 하는 세부 연구범위는 일반적인 정책과정과 동일하여 과학기술 활동을 대상으로 하는 정책의제설정, 정책형성, 정책분석, 정책집행, 정책평가, 정책변동에 관한 내용들을 포함하게 될 것이다.

둘째, 과학기술정책학에서 새롭게 강조되어야 하는 또 하나의 연구범위는 〈과학기술 공공관리〉로서, 앞의 정책과정을 통해 결정된 각각의 정책내용을 실현하기 위해 필요한 각종 유·무형적 자원의 동원과 관리를 효율적으로 수행하기 위한 내용이다. 일반적으로는 행정학이나 경영학의 이론을 활용하여 과학기술 활동의 합리적인 관리를 위한 조직관리, 인사관리, 재정관리, 지식 및 정보관리의 내용이 이 연구범위에 포함된다 할 수 있다. 이와 같은 공공 분야에서의 일반적인 자원 외에도 과학기술 분야에서는 대형 연구장비·시설이 중요한 자원으로 활용되고 있다. 따라서 과학기술정책학에서는 조직관리, 인력관리, 재정관리, 지식·정보관리, 연구장비·시설관리의 5개 세부영역이 과학기술 공공관리의 핵심적인 내용을 구성하게 될 것이다.

과학기술 공공관리에서도 과학기술 정책과정과 마찬가지로 과학기술의 특성인 전문성, 자율성, 장기성, 무형적 결과 등을 최대한 반영한 이론정립과 적용을 위한 연구가 필요하게 된다. 예로서 과학기술의 조직 설계와 운영에서 과학기술의 전문성과 자율성을 고려하면 계층제(hierarchy)를 기본으로 하는 일반적인 조직원리(김성수, 2013; 정용남, 2010)나, 욕구단계론에 근거한 동기부여 방안 등의 적용이 한계에 봉착할 것이다(김병기·이도선, 2011; 박재민·정승용, 2011). 과학기술 인력관리에서는 공기업이나 민간 부분에서 강조하는 성과주의적 업무평가 방식이 장기적으로 과학기술자들의 성과를 저하시키는 요인으로 작용할 수 있다(정선양, 2009; 민철구, 2010; 이용주, 2013). 그리고 과학기술 재정관리에서도 일반 정부예산에서는 엄격하게 적용되는 단 년도 회계제도나 품목별 예산관리가 연구수행의 자율성과 신축성을 저하시키는 요인으로 작용하게 될 것이다(김미정 외, 2011; 엄익천 외, 2013). 지식·정보관리에서는 과학기술 정보의 상대적인 무형성(無形性)으로 인해 공유와 활용이 일반 정보처럼 원활하지 못하고 이로 인해 전체적인 연구자원의 중복으로 이어지는 경우가 발생하기도 한다(김정환 외, 2011). 또한 과학기술 활동에 사용되는 대형 연구장비나 시설은 특정한 연구목적에 한정되는 경우가 많아 범용성이 떨어지며, 이로 인해 구입, 관리, 공동 활용, 폐기 등의 과정이 일반적인 시설관리와는 다른 차이점을 보이는 경우가 많이 나타난다(임성민·정욱, 2009; 이찬구, 2015).

셋째, 과학기술정책학에서는 기술혁신의 주요 방법인 연구개발과 관련된 사항들을 다루는 〈연구관리〉가 중요한 연구범위가 되어야 한다. 국가사회에 필요한 기술혁신을 이루기 위해서는 다양한 방법이 활용될 수 있으나, 원천적이고 지속적인 혁신능력을 확보하기 위해서는 자체 연구개발(R&D)을 통한 혁신의 성공과 확산이 절대적으로 필요하기 때문이다(정선양, 2006). 이러한 관점에서 과학기술정책학의 연구범위로서의 연구관리에는 국가사회에 필요한 기술의 예측과 정부개입이 필요한 기술 분야를 선정하는 기술기획을 필두로, 해당 기술기획의 내용을 구체화하기 위한 연구개발 현장에서의 일련의 활동들, 예컨대 연구기획, 성과관리, 성과평가, 성과확산 등이 세부 연구범위로 다루어질 필요가 있다.

그동안 연구관리라는 주제는 R&D관리, 연구개발전략, 기술경영 등의 분야에서 가장 많이 다루어진 내용으로서, 국가 차원보다는 개별 연구기관 또는 기업 차원에서의 중요성이 좀 더 강조된 분야이었다(이종옥 외, 2005; 현병환 외, 2006; 이영덕·조석홍, 2013). 그러나 국가 차원에서 과학기술 능력 향상의 주요 정책수단으로 다양한 형태의 국가연구개발사업이 수행되고 있음을 생각하면, 향후에는 연구개발이 국가 차원에서의 혁신능력 향상이라는 관점에서 연구관리가 수행되어야 할 것이다. 특히, 우리나라처럼 추격형 국가연구개발 추진 선략을 선도형 전략으로 전환하는 것이 요구되는 상황에서는, 문제해결을 추구하는 정책지향적 관점에서 기존의 연구관리 이론을 재해석하고 이를 연구개발 현장에 적용하기 위한 연구가 과학기술정책학의 주요 연구범위가 되어야 할 것이다.

넷째, 과학기술정책의 중요 대상이었던 〈기술혁신〉은 앞으로도 과학기술정책학에서 핵심 연구범위가 되어야 할 것이다. 혁신 또는 기술혁신은 과학기술의 본질이며, 이러한 (기술)혁신이 활발하게 유발·촉진될 수 있는 생태계를 구성하고, 혁신의 결과가 필요한 정치·경제·사회의 각 부분으로 자연스럽게 확산 또는 이전할 수 있게 하는 것은 물론, 혁신으로 인해 발생할 수도 있는 계층간·지역간·세대간·국가간 격차를 완화 또는 해소할 수 있는 방안도 과학기술정책의 핵심 역할이기 때문이다(OECD, 2015, 2016). 이런 관점에서 과학기술정책학의 연구범위로서의 기술혁신에는 기술혁신의 개념과 유형(이가종, 1990; 이공래, 2000), 기술혁신의 과정과 특징(이공래, 2000), 기술혁신의 원천(설성수 외, 1997), 기술혁신의 촉진과 저해요인(설성수 외, 1997), 기술혁신의 확산과 이전(박용치, 1983; 박우희 외, 2001) 등 기존 기술혁신론의 주요 연구대상들이 모두 포함될 것이다.

한편, 기존에는 기술혁신과 과학기술정책의 연계성이 다소 낮은 상태에서 각자의 영역으로 논의·발전되어 온 경향이 있었으나, 국가정책에서 사회 전반의 혁신 더 나아가 기술혁신의 중요성이 점차 커지는 최근의 상황을 고려하면 양 연구영역의 연계성이 좀 더 강화될 필요성이 커지고 있다. 따라서 앞으로 과학기술정책학에서 '혁신을 위한 바람직한 정책'과 '정책에 필요한 합리적인 혁신'에 관한 연구가 좀 더 활성화될 수 있어야 할 것이다. 이와 같은 양 학문의 연계성 강화는 과학기술정책 연구자에게는 정책 자체의 혁신성을 높일 수 있는 지식을 제공하고, 기술혁신 연구자들에게는 문제 해결 능력을 제고할 수 있는 정책지향성을 각각 높여주는 계기가 될 수 있을 것으로 생각한다.

Ⅳ. 맺음말

이 논문은 2017년 현재, 우리나라에서 과학기술정책학 또는 과학기술정책 연구가 독자적인 학문 정체성을 가지고 있는가 하는 문제의식에서 수행되었다. 특정 학문의 정체성은 학문 공동체 구성원들이 공감할 수 있는 패러다임이 형성되어 있는가에 좌우되고, 패러다임 형성을 위해서는 학문 자체의 독자적인 정의와 고유한 연구범위의 설정이 선행되어야 할 것이다. 이러한 질문에 답하기 위하여 연구자들은 국내에서 출판된 과학기술정책 관련 단행본 19권을 분석하였다. 연구결과는 학문 자체에 대한 정의와 핵심 연구범위에 대한 학문 공동체의 공감대가 낮은 것으로 나타났다. 따라서 현 시점에서의 우리나라 과학기술정책학은 패러다임 형성 이전의 단계라는 잠정 결론을 내리고자 한다.

이러한 결론에 근거하여 연구자들은 향후 과학기술정책학이 좀 더 견고한 패러다임을 형성하여 정상과학으로 발전하기 위한 방안의 하나로서, 우선적으로 과학기술정책학의 학문적 정의와 연구범위를 새롭게 제안하였다.

우선 타 학문과 구별되는 독립된 연구영역으로서의 과학기술정책학을 '과학기술 활동 및 과학기술과 관련된 정치·경제·사회·문화의 제반 현상을 연구·분석함으로써, (1) 과학기술 사체의 발전을 도모하면서 (2) 과학기술을 활용하여 국가와 공공 부문의 문제해결 능력을 높이고자 하는 정책지향적인 학문'으로 정의하였다.

그리고 이러한 학문적 정의에 근거하여 과학기술정책학의 '연구범위'를 (1) 과학기술 정책과정, (2) 과학기술 공공관리, (3) 기술혁신, (4) 연구관리의 4대 부분으로 제안하였다. 이 중에서 '과학기술 정책과정'과 '과학기술 공공관리'는 이 논문에서 활용하고자 하는 과학기술정책학의 정의를 반영하여 새롭게 제안한 내용이며, '기술혁신'과 '연구관리'는 기존 연구들에서도 대부분 포함하고 있는 과학기술정책학의 연구범위라고 할 수 있다. 그리고 4대 연구범위는 각각 5개의 세부 연구범위를 포함하여 전체적으로 총 20개의 연구범위를 설정하였다.

또한, 앞에서 제안한 4대 연구범위의 분석수준(analytic level)은 개인, 조직·기관, 산업, 지역, 국가, 국제로 설정하였다. 이렇게 분석수준을 미시 수준의 개인에서부터 거시 수준의 국가와 국제까지를 포함함으로써 과학기술정책학의 다학제성과 융·복합적인 특징이 충분히 논의될 수 있도록 노력하였다.

한편, 이 논문에서 제안하는 과학기술정책학의 정의와 연구범위는 정책학의 절차적 지식(process knowledge) 관점에서 논의하고 있다는 점에 유의할 필요가 있다(Lasswell, 1951). 따라서 과학기술정책에서 중요한 지식재산정책, 과학기술법, 과학문화, 과학기술 대중화, 민군기술협력 등의 사항은 이 논문에서는 다루지 않고 있다. 이러한 세부 정책들은 그 자체가 중요하지 않아서가 아니라 정책학적 관점에서는 내용적 지식(contents knowledge)에 해당하는 것으로서, 여기에서 제안하는 4대 연구범위의 모든 분야에서 동시에 또는 개별적으로 다루어질 수 있는 사항들이라고 판단하기 때문이다.

앞의 한계와 함께 이 논문은 규범적 관점에서 논의를 전개하였기 때문에 연구결과의 객관적 제시가 다소 부족하다는 문제를 가지고 있다. 향후 본 연구자들이 제안하는 과학기술정책학의 정의는 물론 4대 연구범위와 20개 세부 연구범위의 설정 및 구체적인 내용에 대한 경험적·실증적 분석이 후속적으로 이루어져 연구결과의 일반화와 객관화가 계속적으로 보완될 필요가 있다.

이상과 같은 한계와 문제에도 불구하고, 이 논문이 향후 과학기술정책학을 연구하고 교육하는 학문 공동체에서 과학기술정책학에 대한 정의와 연구범위에 대한 공감대를 높여 나가는 계기가 될 수 있기를 기대한다. 이러한 노력을 통해 과학기술정책학이 다학제적인 성격을 유지하면서도 독자적인 학문영역으로서의 정체성을 확립하고, 현실 적용적인 측면에서도 과학기술정책의 발전에 도움을 줄 수 있는 필요조건이 점차적으로 충족될 것으로 생각하기 때문이다.

참고문헌

과학기술정책연구원·기술경영경제학회 (2017), 「한국 기술혁신연구의 현황과 과제」, 세종: 과학기술정책연구원.

국립국어원 (2016), 「표준국어대사전」, http://stdweb2.korean.go.kr/search/List_ic.jsp (2016.12.20.).

김동원 (2016), "관리패러다임에 대한 비판적 고찰: 한국행정학계의 관리론 연구경향 분석", 「정부학연구」, 22(3): 67-100.

김미정·이흥권·최태진 (2011), "기초연구 예산배분 체계 및 관리 패러다임 전환에 관한 소고", 「기술혁신학회지」, 14(2): 177-204.

김병기·이도선 (2011), "기관장(부서장)의 변혁적·거래적 리더십이 조직 구성원의 창의성 발휘 및 연구 성과물에 미치는 영향, 「한국지방자치학회보」, 23(3): 157-184.

김상호 (2003), "경찰학의 정체성 및 학문적 성격에 대한 고찰", 「경찰학연구」, 4: 176-194.

김성수 (2013), "미래창조과학부: 과학기술 행정체계의 진화와 역행", 「한국사회와 행정연구」, 24(2): 509-539.

김승경·이나영 (2006), "학제간 연구로서의 여성학: 여성학(과)의 정체성 및 제도화의 문제를 중심으로", 「한국여성학」, 22(1): 35-77.

김은미 (2017), "과학계량분석(scientometrics)을 활용한 과학기술 정책연구의 실증 분석", 한국기술혁신학회, 「2017년도 추계 학술대회 논문집」.

김인수·이진주 (1982), 「기술혁신의 과정과 정책」, 서울: 한국개발연구원.

김재웅 (2012), "분과학문으로서의 교육학의 위기에 대한 고찰 : 현장적 전문성과 학문적 정체성의 관점에서", 「아시아교육연구」, 13(3): 1-26.

김정홍 (2003), 「기술혁신의 경제학」, 서울: 시그마프레스(주).

김정환·김재훈·황재영 (2011), "디지털 환경에서 학술연구자들의 정보요구 및 이용행태에 관한 연구", 「한국도서관·정보학회지」, 42(3): 189-208.

김종범 (1993), 「과학기술정책론」, 서울: 대영문화사.

김훈기 (2003), "한국 생명윤리 의제형성에 관한 정책네트워크 분석", 「생명윤리」, 4(1): 55-74.

남수현·박정민·설성수 (2005), "지식흐름의 계량분석 : 한국의 기술혁신연구를 중심으로", 「기술혁신학회지」, 8(특별호): 337-359.

노명완 (1997), "국어교육학의 학문적 정체성과 그 탐구 과제", 「한국어학」, 6: 35-64.

문형욱 (2011), "'전시학'의 학문적 패러다임 구성과 정체성 확립에 관한 연구", 「한국과학예술 포럼」, 8: 69-88.

민철구 (2010), "고급 과학기술인력의 보상수준과 포트폴리오에 관한 분석", 「기술혁신연구」, 18(1): 219-245.

박경미 (1996), "수학교육학의 학문적 정체성 탐구를 위한 소고", 「대한수학교육학회지」, 6(2): 115-127.

박용치 (1983), 「혁신의 확산과정」, 서울: 고려원.

박우희 외 (2001), 「기술경제학개론」, 서울: 서울대학교출판부.

박이문 (2002), "학문의 정체성, 경계선 및 주체성" 국문학은 무엇이며 어떻게 할 것인가?", 「국어국문학」, 131: 70-93.

박재민·정승용 (2011), "연구원의 경력선택, 연구개발 노력 그리고 몰입효과에 관한 연구", 「산업관계연구」, 21(4): 51-75.

박태영 (2012), "지역사회복지의 정체성에 관한 연구", 「한국지역사회복지학」, 43: 639-668.

박희정 (2013), "공공감사학의 체계정립을 위한 시론적 연구: 공공감사학의 위치와 초점", 「한국 행정학보」, 47(1): 351-376.

설성수 (1997), "과학기술정책의 기원", 「기술혁신연구」, 5(1): 113-149.

설성수 (2011), 「기술혁신론」, 서울: 법문사.

설성수·조만형·김상태·이규현·이덕훈 (1997), 「기술혁신과 산업·과학기술정책」, 서울: 기업기 술연구원.

송위진 (2006), 「기술혁신과 과학기술정책」, 서울: 르네상스.

송위진 (2010), "사회문제 해결을 지향하는 '사회적 혁신정책' : 개념과 방향", 과학기술정책연구 원, Issues and Policy, 2010(13호).

엄익천·조주연·고용수 (2013), "정부연구개발 예산의 중장기 재원배분 방안 연구", 「한국정책학 회보」, 22(1): 203-227.

유정애 (2014), "한국여성체육학회의 학문적 정체[성과 미래 과제 탐색", 「한국여성체육학회지」, 28(4): 77-90.

유진 (2003), "스포츠심리학 연구의 이론적 패러다임 탐색", 「한국스포츠심리학회지」, 14(4): 223-236.

윤진효 (2006), 「한국기술정책론」, 서울: 경문사.

이가종 (1990), 「기술혁신전략」, 서울: 나남.

이공래 (2000), 「기술혁신이론 개관」, 서울: 과학기술정책연구원.

이규환 (2007), "도시행정론에 관한 소고: 학문의 정체성 분석", 「한국지방자치학회보」, 19(4): 197-216.

이양수 (2004), "조직행태론에 관한 소고: 학문의 정체성 분석", 「한국행정학보」, 38(3): 1-21.

이영덕·조석홍 (2013), 「기술경영」, 서울: 두남.

이영희 (1995), "한국 비서학의 학문적 정체성에 관한 연구", 「비서학논총」, 3: 57-90.

이용주 (2013), "한국의 이공계 연구인력의 양성 및 연구환경에 관한 고찰", 「현상과 인식」, 37(1/2): 31-56.

이우성 (2005), 「혁신정책의 범위설정과 분석체계 정립에 관한 연구: 핀란드와 한국 혁신정책에 대한 사례 적용」, 서울: 과학기술정책연구원.

이원영 (2008), 「기술혁신의 경제학」, 서울: 생능출판사.

이장재·현병환·최영훈 (2011), 「과학기술정책론」, 서울: 경문사.

이종옥·이규현·정선양·조성복·윤진효 (2005), 「R&D관리」, 서울: 경문사.

이찬구 (2008), "선도기술개발사업(G7)의 정책결정 과정 분석 : 범부처간 추진과정 및 민간 전문가 역할을 중심으로", 「기술혁신연구」, 16(2): 167-200.

이찬구 (2012), "연구개발 평가의 신뢰성 증진방안: 정보통신 연구지원기관의 사례", 「한국사회와 행정연구」, 23(3): 155-182.

이찬구 (2015), "기초연구 분야 연구장비 관리체계 발전 방향", 「사회과학연구」, 26(1): 269-296.

이찬구 (2016), "연구장비 공동활용 정책의 집행 효율화 방안: 정책집행의 상향적 접근을 중심으로", 「기술혁신학회지」, 19(2): 358-394.

이찬구·김은미·오현정 (2016), "과학기술정책학의 정의와 연구범위에 관한 시론", 이찬구 엮음, 「과학기술정책연구 : 총서 01」, 대전: 충남대학교출판문화원, 13-45.

이찬구·김은미·오현정 (2017), "연구대상(locus)과 연구분야(focus) 설정을 통한 과학기술정책학의 패러다임 정립", 한국기술혁신학회, 「2017년도 추계 학술대회 논문집」.

임성민·정욱 (2009), "공공 R&D 시설·장비의 공동활용 전략에 관한 연구", 「기술혁신학회지」, 12(2): 388-412.

정근한·도계훈·최한림 (2014), 「과학기술 기획 및 정책 관련 주요용어의 개념정립 연구」, 서울: 한국과학기술기획평가원.

정선양 (2006), 「기술과 경영」, 서울: 경문사.

정선양·조성복·석재진 (2009), "정부출연 연구기관의 창의적 인적자원 양성전략 : 전주기적 인력 관리의 관점에서", 「기술혁신연구」, 17(2): 187-206.

정연희 (2014), "문화예술교육의 학문적 정체성에 관한 연구", 「예술교육연구」, 12(4): 81-101.

정용남 (2010), "국가연구개발사업을 둘러싼 부처-출연연구기관의 관계에 관한 연구", 「한국사회와 행정연구」, 20(4): 395-424.

정재삼·금혜진 (2003), "교육공학의 이론과 실제에 관한 논쟁: 학문적 정체성, 간학문성, 소프트 및 하드 테크놀로지 활용", 「교육과학연구」, 34(2): 167-192.

정해조 (2007), "지역학의 정체성과 패러다임 모색 II", 「지중해지역연구」, 9(1): 277-298.

조우호 (2006), "독어독문학의 정체성과 현대성: 1990년 이후 독어독문학의 문화학적 방향전환의 맥락과 전망", 「독일어문학」, 35: 403-426.

최석식 (2011), 「과학기술정책론」, 서울: 시그마프레스.

최선우 (2014), "경찰학의 정체성과 학문분류 체계에 관한 연구", 「한국경찰학회보」, 16(2): 157-180.

최성룡 (2008), "소방학의 학문적 패러다임 구성과 정체성 확립에 관한 연구: 정책과 학문의 연계성 중심으로", 「한국화재소방학회 논문지」, 22(3): 162-171.

최외출 (2016), "새마을학의 학문적 정체성에 관한 연구", 「한국자치행정학회보」, 30(2): 81-100.

허만용·이해영 (2012), "정책학의 학문적 정체성에 관한 시론적 연구: 한국정책학회와 한국정책학회보를 중심으로", 「한국정책학회보」, 21(2): 1-31.

현병환·윤진효·서정해 (2006), 「신연구개발기획론」, 서울: 경문사.

홍기원 (2009), "문화정책 연구에 대한 학문적 분야로서의 정체성 탐구", 「문화정책논총」, 21: 89-104.

홍형득 (2016), 「과학기술정책론」, 서울: 대영문화사.

황호찬 (2000), "경영학 연구의 방향설정을 위한 방법론 및 패러다임의 연구", 「경영학연구」, 29(2): 153-169.

Brooks, H. (1964), "The Scientific Advisor," in Robert Gilpin and Christopher Wright(eds.), *Scientists and National Policy Making*, New York: Columbia University Press, 73-96.

Krishnan, A. (2009), "What are Academic Discipline?: Some Observations on the Discipline vs Interdisciplinary Debate", NCRM Working Paper Series, ESRC National Centre for Research Methods, University of Southampton.

Kuhn, T. S. (1962), *The Structure of Scientific Revolution*, Chicago: University of Chicago Press.

Kuhn, T. S. (1977), *The Essential Tension*, Chicago: University of Chicago Press.

Lasswell, H. D. (1951), "The Policy Orientation", in Daniel Lerner and Harold D. Lasswell(eds.), *The Policy Orientation*, Stanford: Stanford University Press, 14.

OECD (2015), *Innovation Policies for Inclusive Growth*, Paris: OECD Publishing.

OECD (2016), *The Governance of Inclusive Growth*, Paris: OECD Publishing.

Post, R. (2009), "Debating Disciplinarity", *Yale Law School Legal Scholarship Repository*, 749-770.

Ranney, A. (1968), "The study of policy content : A framework for choice", *Political seicence and public policy*, Chicago: Markham, 3-21.

Shumway, D. and E. Davidow, E. (1991), "Disciplinarity: An Introduction", *Poetics Today*, 12(2): 201-225.

2

과학기술정책 연구의 현황과 지식구조 분석

김은미 · 이찬구

이 논문은 「기술혁신학회지」 21(1)(2018.3)에 게재된 내용입니다.

국문요약

    본 연구는 과학기술정책 연구의 정체성 파악과 개념 정립을 위해 과학기술정책 연구가 무엇을 연구하는 학문인가에 대한 해답을 구하고자 하였다. 따라서, 그 동안의 과학기술정책 연구가 어떻게 이루어졌는가에 대한 내용분석을 통한 연구현황과 네트워크 분석을 통한 과학기술정책 연구의 지식구조 및 지식흐름을 파악하고자 하였다. 이를 위해 1993년부터 2016년까지의 기술혁신학회지 및 기술혁신연구에 게재된 논문들의 데이터셋을 구축하고 실증분석 하였다. 분석결과, 지금까지의 과학기술정책 연구는 서울·대전 지역, 대학·출연(연)에서 대부분의 연구가 수행되어, 특정 지역이나 연구수행 주체에 편중되기보다는 다양화된 형태로 수행되어야 할 것이다. 연구범위별로는 연구관리 및 기술혁신 분야에서 70% 이상을 차지하고 있어, 향후 '과학기술 공공관리' 및 '과학기술 정책과정' 등에서 더 많은 연구가 수행되어 균형 있는 학문 분야로 성장해 나아가야 할 것이다.

    한편 과학기술정책 연구의 지식구조를 파악하기 위해 주제어를 활용한 네트워크 분석결과, 연구관리, 기술혁신, 과학기술 공공관리 및 정책과정 등으로 군집화되어 이찬구 외(2016)가 제시한 지식구조와 크게 다르지 않음을 재확인할 수 있었다. 지식흐름을 파악하기 위해 정권별로 구분하여 시기별 분석을 수행한 결과, 초기 과학기술정책 연구는 연구자, 연구개발투자 등 일반적인 주제로부터 시작하여 최근 기술혁신체제, 연구성과 활용 등 다양화되고 세분화된 연구가 진행되고 있는 것으로 분석되었다. 따라서 향후 과학기술정책 연구는 과학기술 정책과정, 과학기술 공공관리, 연구관리, 기술혁신 측면에서 더욱 확대되어야 하며 체계적인 지식구조를 형성해 나아가야 할 것으로 판단된다.

I. 서론

2017년 대한민국은 과학기술사 측면에서 다양한 사건들이 많았던 해이다. 과학기술처가 1967년에 설립된 이후 50주년을 맞이하였으며, 문재인 정부가 새롭게 출범함으로써 7월에는 미래창조과학부를 개편하여 과학기술정보통신부로 발족되는 등 정부조직 측면에서도 큰 변화가 있었다. 또한 4차 산업혁명, 인공지능, 사물인터넷, ICT 등 다양한 키워드들이 등장하여 미래를 준비하기 위한 노력이 각계 각층에서 치열하게 이루어졌던 한 해이다. 이러한 과학기술과 관련된 사회적인 환경 변화에 더하여 그 동안 과학기술정책에 대해 상대적으로 소홀했던 이론적, 실무적인 측면의 정체성에 대한 고민이 학계에서도 진지하게 이루어졌던 한 해였다. 7)

---

7) 2016년 말 "과학기술정책학의 정의와 연구범위에 관한 시론(이찬구 외, 2016)"을 필두로 과학기술정책학에 대한 정의와 연구범위에 대한 새로운 제안이 이루어졌다. 이후 2017년 한국기술혁신학회 하계학술대회에서 "과학계량분석(scientometrics)을 활용한 과학기술 정책연구의 실증 분석(김은미, 2017)"의 중간연구결과 및 동 학회 추계학술대회에서 최종연구결과 발표가 있었다. 또한 한국과학기술정책연구원 창립 30주년을 맞아 기술혁신 연구에 대한 현황과 과제에 대한 연구가 과학기술정책연구원과 기술경영경제학회를 통해 수행되었다.

우리나라에서 과학기술정책의 등장을 1960년대 후반 과학기술진흥법의 제정과 독립적인 과학기술행정부처인 과학기술처의 설립 이후로 본다면(과학기술정책연구원, 2017), 실무적인 측면에서 과학기술정책은 50년의 역사를 가지게 된다. 한편 과학기술정책 관련 연구기관 및 학술단체들이 설립되기 시작했던 1980년대 후반을 과학기술정책 연구의 등장으로 본다면, 과학기술정책의 학문적인 역사는 약 30여년에 이른다. 실제로 1987년에는 지금의 과학기술정책연구원(STEPI)과 한국과학기술기획평가원(KISTEP)의 전신이었던 한국과학기술원(KAIST) 부설 과학기술정책연구평가센터(CSTP)가 설립되었다. 이후 1992년과 1997년에 각각 기술경영경제학회 및 한국기술혁신학회가 설립되었으며, 1999년에 한국과학기술원(KAIST) 부설기관이었던 정책관리연구소가 과학기술정책연구원으로 독립함으로써, 2000년 이후에는 과학기술정책 연구가 가시적으로 증가하였다.

2003년부터 2012년까지 과학기술정책연구는 전체 정책연구의 12.8%를 차지하고 있는 것으로 나타나(홍형득, 2015), 30년의 역사를 가지고 있는 과학기술정책 연구도 정책연구의 한 분야로서 그 입지를 공고히 하고 있다. 그럼에도 불구하고 과학기술정책 연구에 대한 실체 파악의 노력이나 개념 정립에 대한 노력은 부족했다고 볼 수 있다. 지금까지 다른 분야의 학문 영역에서는 통시적으로 데이터를 구축하여 학문분야에 대한 주제 등이 다양하게 연구되었으나 [8], 과학기술정책 분야에서는 이러한 연구가 매우 부족하다. 실제로 학문 분야가 독자성을 확보하기 위해서는 그 학문만의 연구

---

8) 행정학(최영출·박수정, 2011), 기술경영연구(고재창 외, 2013), HRD연구(정승환 외, 2014), 법학(이주연 외, 2015), 정책학(홍형득, 2015), 관광연구(이유진·양위주, 2016) 등이 있다.

영역이 있어야 하고, 비교적 독자적인 연구방법을 사용하고 있어야 하며, 이것을 연구하는 연구자들의 학술적인 공동체를 형성하고 있어야 한다. 이 중 가장 중요하며 선행되어야 하는 것은 결국 그 학문이 '무엇'을 연구하는지 설명할 수 있어야 한다(정승환 외, 2014: 3).

따라서 본 연구는 과학기술정책 연구가 무엇을 연구하는 학문인가에 대한 해답을 구하기 위함을 가장 근본적인 연구목적으로 하며, 이러한 연구목적에 근거한 연구수행을 통해서 과학기술정책 연구에 대한 정체성을 인식하고 나아가 향후 어떠한 연구들이 지속되어야 하는가에 대한 시사점과 방향을 제시하는데 도움이 되고자 한다. 이를 위해 한국기술혁신학회에서 발간하는 〈기술혁신학회지〉 및 기술경영경제학회에서 발간하는 〈기술혁신연구〉를 대상으로 데이터셋을 구축하고 이를 분석함으로써 과학기술정책 연구가 그 동안 어떻게 이루어졌는지를 파악하고 미래에 나아가야 할 방향을 제시하고자 한다. 본 연구는 한국기술혁신학회 창립 20주년 기획연구 차원에서 추진되었으며, 이를 통해서 그 동안의 과학기술정책 연구의 현황과 지식구조를 분석하고, 바람직한 연구방향을 논의하고자 한다.

II. 선행연구 검토

본 장에서는 과학기술정책 연구의 선행연구를 검토함에 있어, 먼저 기존 제도적인 측면에서 과학기술정책 연구가 어떻게 분류되고 있는지를 파악하였다. 다음으로 일반 학문, 과학기술정책 연구 또는 과학기술정책 연구와 관련성이 있는 학문 분야에서는 연구경향 및 지식 구조 파악 등이 어떻게 이루어졌는가를 중심으로 선행연구를 검토하였다.

1. 제도적 측면의 과학기술정책 연구 위상

제도적인 측면에서 과학기술정책 연구의 위상을 분류체계를 통해 살펴 보았다. 먼저 과학기술기본법 제27조에 따른 국가과학기술표준분류체계 에 의하면 과학기술정책 연구는 사회 분야(SB)의 정치/행정 하위의 분야 별/유형별 행정/정책(SB12) 중 '과학기술(B1207)'에 속하거나, 과학기술 과 인문사회(OC) 하위의 과학기술 정책/사회(OC03) 중 '과학기술과 정책 (OC0305)'에 포함되어 있다. 따라서 과학기술표준분류체계에 의한 과학기 술정책 연구는 연구대상에 대한 분류로만 되어 있어 종합적인 학문 또는 연 구 측면에서 분류체계가 형성되어 있지 못한 것으로 파악되었다.

한편 한국연구재단(2016)의 학술연구분야 분류에 의하면, 과학기술 정책연구는 복합학 분야의 기술정책(H020000) 또는 과학기술정책학 (H010400), 사회과학 분야 행정학의 분야별 행정 중의 하나인 과학기술행 정(B141009), 정책학 세분류인 과학기술/정보통신정책(B150800)에 속한 다. 특히 복합학 하위의 기술정책(H020000)에는 기술혁신이론, 기술분류 및 표준화, 기술예측 및 평가, 기술경제, 기술가치평가, 기술기획 및 전략, 연구개발 및 기술관리, 과학기술법과 정책, 지적재산권, 생산성이론, 기타 기술정책의 소분류로 구분되어 있다. 이러한 한국연구재단의 분류는 기술 수준의 연구관리 측면만 강조되고 다양한 과학기술정책에 관한 논의에 대 한 연구분류나 공공관리 측면의 연구분류는 충분히 반영되어 있지 못한 것으로 파악되었다.

이처럼 제도적인 측면에서 살펴본 과학기술정책 연구는 복합학적인 성격을 가지면서도 행정/정책학 연구분야의 하위 분야로 분류되고 있었다. 최근 사회혁신, 포용적 혁신(OECD, 2015, 2016) 등 혁신과 관련된 다양한 이슈가 제기되고 있는 상황에서 과학기술정책은 과학기술이라는 주제 안에 갇혀 있기보다는 사회적 혁신(European Commission, 2001)까지 포괄하는 더 큰 연구분야로 성장 중이다. 따라서 이러한 사회 현상과 연구 현장을 반영하여, 제도적인 측면에서도 과학기술정책 연구 분류가 재편되어야 할 필요성이 있는 것으로 판단된다.

2. 연구경향 및 지식구조 파악과 관련된 선행연구 검토

다음으로 다양한 학문 및 연구 또는 과학기술정책 관련 학문 및 연구에서 나타나는 연구경향 분석과 관련된 선행연구들을 검토하였다. 먼저 홍형득(2015)은 정책학 연구의 경향과 특징에 대해서 내용분석 및 네트워크 분석을 수행하였으며, 최영출·박수정(2011)은 행정학의 연구경향을 주제어 네트워크 분석방법을 적용하여 분석하였다. 고재창 외(2013)는 기술경영 연구의 동향을 해외 저널에 게재된 논문을 대상으로 분석하여 주요 연구주제 및 이들간의 관계를 파악하였다. 이들 연구들은 연구주제는 다르지만, 지금까지의 학문 영역에 대한 현황 파악과 향후 해당 학문이 나아가야 할 방향을 모색하기 위한 자기 성찰적인 연구라는 점에서 큰 의의를 가진다고 할 수 있다.

한편 설성수·박정민(2003)은 한국기술혁신학회지 게재논문을 중심으로 기술혁신연구의 동향 및 인용사항 등에 대해서 분석하였다. 해당 연구는 국내 기술혁신 연구동향을 최초로 정리했다는 점에서 의의를 가지나 기술혁신학회지에 국한되어 포괄범위가 미흡한 점을 저자도 지적하였다. 이에 연구범위를 3개 학회지(기술혁신학회지, 기술혁신연구, 벤처경영연구)로 확장하여 기술혁신 연구의 지식흐름을 분석하였다(남수현 외, 2005). 분석결과, 기술혁신학회지와 기술혁신연구는 기술, 기술혁신 등 상당히 유사한 군집형태를 보여주는 것으로 나타났다. 이들 연구 모두 과학기술정책 연구에 대한 분석은 아니지만, 관련 주제와 상당히 연관성이 있는 연구라고 볼 수 있다. 또한 이병헌 외(2017)는 기술혁신연구의 주제별 연구 동향을 시기별로 분석하여 향후 연구과제를 제시하였으며, 김선영·이병헌(2017)은 텍스트 분석을 통한 기술혁신연구의 네트워크 구조를 분석하였다. 따라서 과학기술정책 연구에 대한 연구경향과 지식구조를 파악한 선행연구는 검토되지 않았지만, 인접 기술혁신 연구에 대한 연구들은 확대되고 있는 것으로 나타났다.

해외에서는 Martin et al. (2012)가 최근 50년간 과학기술 연구를 군집분석을 통해 기술(Technology)·정치(Politics)·권력(Power), 과학(Science)·사회학(Sociology), 과학(Science)·과학 지표(Science Indicator) 등의 세 개의 군집으로 도출하고, 과학기술 연구 분야의 지식탐색을 시도하였다. 또한 Martin(2012)은 과학정책과 혁신연구에 대한 핵심적인 지식기여를 파악한 결과, 1950년대 후반부터 과학정책과 혁신연구 분야가 등장하기 시작하였으며, 1980년대 중반 들어서는 다양한 분야로부터의 상호작용을 통해 더욱 응집적으로 학문체계를 형성해 가고 있음을 주장하였다.

III. 연구방법론

1. 방법론

대량의 서지정보를 분석대상으로 하여 연구방법, 저자나 연구주제 등의 현황을 파악한 연구는 기존 빈도수 파악에 근거한 내용분석을 활용한 연구방법이 있으나, 최근에는 주제어 네트워크 분석기법을 활용하여 그 분석범위를 확장하여 지식구조나 연구주제 등의 관계 파악으로 더욱 확대되고 있다. 구체적으로 주제어 네트워크 분석(Keyword Network Analysis)이란 특정한 주제 영역의 문헌집합으로부터 키워드를 추출하고, 각 키워드 쌍의 동시출현 빈도를 계산하여, 이 빈도로부터 키워드 간의 유사도를 계산하는 방법이다(이수상, 2013). 네트워크 분석은 네트워크 수준(network level), 노드 수준(node level), 관계 수준(dyad level) 등 세 가지 수준에서 분석이 이루어질 수 있다(Borgatti et al, 2013). 따라서 네트워크 차원(network level)에서는 분석대상의 네트워크 구조를 전체적으로 조망할 수 있고, 노드 수준(node level)에서는 주제어 빈도 도출 등을 통한 개별 연구주제 등을 파악할 수 있고, 관계 수준(dyad level)에서는 이들 주제어간의 관계파악을 통해 중심성 지수를 산출하거나, 지식구조를 군집화하여 살펴볼 수 있다. 이러한 네트워크 분석은 단편적인 분석에 그치는 것이 아니라 관계성 및 지식흐름 등을 동적으로 살펴볼 수 있다는 장점이 있다.

최근 네트워크 분석기법을 통해 논문들의 공동저자분석(Co-authorship analysis), 동시인용분석(Co-citation analysis), 동시단어분석

(Co-word analysis) 등이 다양하게 활용되고 있다. 먼저 공동저자 분석은 개별저자 수준이나 기관, 지역, 국가, 연구분야 등의 정보를 활용하여 협업 네트워크를 분석하는데 활용되고 있다. 다음으로 동시인용분석은 먼저 발표된 두 논문이 나중에 발표된 논문에서 동시에 인용되거나 나중에 발표된 두 개의 논문에 하나의 논문이 동시에 인용되는 것을 분석하는 방법을 말한다(권진영 외, 2010). 마지막으로 동시단어분석은 문헌 등에서 추출한 키워드 또는 용어 간의 관계를 분석하는 방법으로, 중요 문헌 자체를 분석하는 것은 불가능하지만, 내용을 기반으로 분석을 하기 때문에 연구동향 등을 분석하는데 용이하다(Choi et al., 2011; Pilkingtona et al., 2006; Shen et al., 2009). 특히 주제어의 동시단어분석은 연구분야에서 주제들간의 연계를 발견하는데 유용하여, 연구분야의 지식구조를 파악하기에 유용한 도구이다. 구체적으로 동시단어분석을 통해 주어진 연구 분야에서 주제를 발견하고, 이들 주제들간의 관계를 파악하고, 이들 주제가 전체 영역에서 중심에 있는 정도와 주제들이 내부적으로 구조화된 정도 등을 파악할 수 있다(Qin, 1999).

2. 연구설계

본 연구는 과학기술정책 연구의 경향에 대한 내용분석과 과학기술정책 연구의 지식구조 및 지식흐름 파악을 위한 네트워크 분석으로 구분하여 수행하였다. 특히 본 연구에서 의미하는 지식구조는 연구 분야의 주제적 특징에 관한 내용적인 범주를 의미하는 것으로(송민선·고영만, 2015: 222), 과학기술정책 연구의 주제를 내용적인 범주로 파악하였다.

내용분석과 네트워크 분석의 차이는 내용분석이 사전에 설정한 연구주제의 핵심어가 등장하는 빈도를 분석하는 것에 비해, 네트워크 분석은 연구분야의 핵심어들이 동시에 출현하는 단어와 단어들간의 관계분석을 통해 경향과 특징을 분석한다는 점이다(최영출·박수정, 2012). 따라서 과거 과학기술정책의 연구경향과 연구분야에 대해 내용분석과 네트워크 분석을 상호보완적으로 적용함으로써 연구경향을 계량적으로 파악하고 연구주제간의 관계를 분석하였다.

먼저 내용분석을 활용한 연구경향 분석은 연구형태, 연구방법, 연구주체, 연구범위를 중심으로 분석하였다. 연구형태는 단독연구 및 공동연구로 구분하여 파악하고, 공동연구인 경우, 어떠한 형태로 공동연구가 진행되었는지도 분석하였다. 다음으로 연구방법과 관련하여서는 기술적, 양적, 질적 연구방법으로 구분하여 파악하였다. 마지막으로 연구주체는 연구자 지역 분포, 연구자 직업 및 소속기관 등을 분석하였다. 과학기술정책의 '연구분야' 분석은 이찬구 외(2016)가 규범적으로 제시한 과학기술정책학의 4대 연구범위인 '과학기술 정책과정', '과학기술 공공관리', '연구관리', '기술혁신' 수준에서 그 동안 연구범위별로 얼마나 이루어졌는지를 계량적으로 파악하였다.

다음으로 네트워크 분석을 통한 과학기술정책의 지식구조 및 지식흐름 분석은 주제어 분석 및 연구주제의 군집분석을 통해 지식구조를 파악한 후, 정권별로 지식구조의 시기별 흐름을 살펴보고자 하였다. 특히 네트워크 분석을 통한 과학기술정책의 지식구조 파악은 실제 연구현장에서 이루어지는 연구주제들을 군집분석함으로써 이찬구 외(2016)가 제시한 과학기술정책학의 4대 연구범위가 과학기술정책의 지식현장에서 실증적으로 적용가능한지를 재확인 하고자 하였다. 구체적으로 네트워크 분석을 통해 주제어 빈도를 도출함으로써, 연구주제를 파악할 수 있고, 각 주제어들 간의 관계도 파악함으로써 과학기술성책 연구의 지식구조를 그려볼 수 있다. 도출 내용은 상위 빈도 주제어 도출, 군집분석을 통한 과학기술정책 연구의 지식구조 파악, 시기별 연구주제 파악을 통한 지식흐름을 분석하였다.

주제어 분석은 KrKwic 소프트웨어를 이용하여 단어의 출현빈도를 계산하고 행렬 메트릭스를 산출하였다. KrKwic는 Korean Key Words in Context의 줄임말로, 영어권에서 개발된 Fulltext 소프트웨어를 한국어로 작성된 메시지의 내용분석을 위하여 변형한 KrKwic 프로그램이다(박한우·Loet Leydesdorff, 2004). 도출된 행렬매트릭스는 NetMiner 4.0을 이용하여 네트워크 분석을 수행하였다. 네트워크 분석을 통해 주요 주제어간 네트워크 관계를 시각화하고, 중심성을 산출하였다. 또한 시각화와 군집분석에 뛰어난 VOSviewer 1.6.5.를 보완적으로 사용하여 주제어들을 군집화함으로써 과학기술정책 연구의 지식구조를 살펴볼 수 있었다.

이상 과학기술정책의 연구현황 분석과 지식구조 분석의 기준과 내용을 정리하면 다음 〈표 8〉과 같으며, 연구진행 절차는 (그림 5)와 같다.

〈표 8〉 과학기술정책 연구현황 및 지식구조 분석 항목

연구방법	분석기준	분석항목
내용 분석	연구형태	단독, 공동연구 등
	연구방법	서술, 양적, 질적연구
	연구주체	연구자 직업 및 소속기관, 연구자 지역 분포
	연구분야	과학기술 정책과정, 과학기술 공공관리, 연구관리, 기술혁신
네트워크 분석	지식구조	핵심 주제어 도출, 중심성 분석, 군집분석을 통한 지식구조 도출
	지식흐름	시기별(정권별) 지식흐름 파악

(그림 5) 연구진행 흐름도

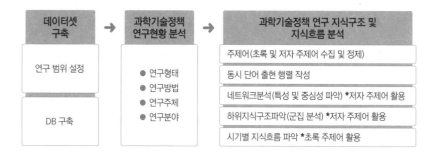

분석대상은 과학기술정책 연구에 대한 대표적인 학술지인 기술혁신학회지와 기술혁신연구로 한정한다. 기술혁신연구는 기술경영경제학회에서 발간되는 학회지로 1993년부터 시작되었으며, 기술혁신학회지는 한국기술혁신학회에서 1998년부터 시작된 학회지이이다. 실제로 남수현 외(2005)의 연구결과, 두 학회지는 기술, 기술혁신 등 유사한 군집을 가지는 것으로 나타났다. 분석대상 논문 수는 〈표 9〉와 같이 2016년까지 총 1,166편이다.

<표 9> 분석대상 연구논문

학회지명	분석기준	기간(년도)	논문 수
기술혁신학회지(JTI)	한국기술혁신학회(KOTIS)	1998-2016	661
기술혁신연구(KTIS)	기술경영경제학회(KOSIME)	1993-2016	505
합계			1,166

IV. 연구결과

본 장에서는 내용분석을 통한 과학기술정책 연구의 현황과 주제어 네트워크 분석을 통한 과학기술정책 연구의 지식구조 및 지식흐름에 대한 연구 결과를 제시하고자 한다. 먼저 내용분석을 통한 과학기술정책 연구의 현황은 분석기준에 따른 빈도를 파악하여 계량적으로 파악하였다. 다음으로 주제어 네트워크 분석을 통한 지식구조 파악은 통시적인 데이터셋 분석을 통해 전체적인 연구주제 군집분석을 통한 전체 구조를 파악하고자 하며, 지식흐름은 정권별 구분을 통해 연구주제 등의 지식이 어떻게 진행되었는가에 대해 파악하고자 하였다.

1. 과학기술정책 연구현황 분석

1) 연구형태별 (단독연구 vs. 공동연구 현황)

학술논문 연구형태는 단독연구가 339건(29.1%), 공동연구가 826건(70.8%)으로 3:7 비율로 수행되고 있었다. 공동연구의 경우는 동일집단간 연구와 타기관과의 복수집단간 연구가 약 3:4 비율로 수행되었다. 아래 (그림 6)과 같이 공동연구 비율 추이를 살펴보면, 1993년에는

<표 10> 단독/공동연구 현황

구분	논문 수(비율)
단독연구	339(29.1)
공동연구	826(70.8)
(동일집단간)	347(29.8)
(복수집단간)	479(41.1)
정보없음	1(0.1)
합계	1,166(100.0)

공동연구 비율이 44.4%였으나, 2016년에는 84.9%까지 상승하여, 단독연구보다는 공동연구 비중이 점차 높아지고 있다. 향후에도 과학기술정책이

(그림 6) 공동연구 추이

융·복합학문의 성격이 강한 만큼 다양한 분야끼리의 공동연구가 확대될 전망이다.

다음 (그림 7)의 (a)와 같이 동일집단간 공동연구를 살펴보면, 동일 대학 내에서 이루어지는 연구가 53.0%, 동일 연구기관 내에서 이루어지는 연구가 46.1%를 차지하고 있었다. 복수집단간 공동연구(b)를 살펴보면, 대학과 연구기관과의 연구는 34.4%, 대학과 정부기관과의 연구는 19.4%, 타 대학 간 연구는 18.8%로, 대학과 연구기관간의 공동연구가 가장 활발한 것으로 나타났다. 그러나, 공동연구에서 산업체의 공동연구 비율은 상당히 낮은 것으로 분석되어, 향후 산업체와 다양한 기관과의 활발한 공동연구의 제도적 기반 마련이 필요한 것으로 판단된다.

(그림 7) 공동연구 현황

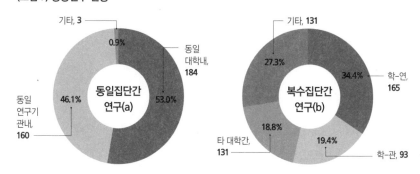

2) 연구방법별

학술논문들의 연구방법은 빈도분석 및 기술통계, 모수 및 비모수 통계, 다변량 분석 등을 포함하는 양적 연구가 가상 많은 578건(49.6%)로 나타났다. 다음으로 사례연구 및 내용연구를 포함하는 질적 연구가 519건(44.5%), 문헌연구, 역사적 연구, 법·제도 연구 등을 포함하는 서술적 연구가 가장 비율이 낮은 97건(8.3%)로 나타났다. 따라서 과학기술정책 연구는 질적 연구방법보다는 양적 연구방법을 많이 활용하고 있으며, 최근에는 네트워크 분석, 자료포락분석(DEA), 분석적 계층화 과정(AHP) 등을 활용한 연구들이 많이 등장하고 있다. 향후 과학기술정책의 과학화를 위한 근거기반(evidence-based) 측면에서의 분석적 측면이 강조된 연구가 더욱 활발해 질 것으로 예측된다.

3) 연구주체별

학술논문 저자(주저자 기준)의 소속 기관 지역분포를 살펴본 결과, 약 40%의 연구는 서울 지역에서 이루어졌으며, 약 30%의 연구는 대전 지역에서 이루어졌다. 따라서 서울, 대전을 중심으로 지역적 연구편향이 심한 것으로 나타났다. 학술논문 저자(주저자 기준)들의 직업은 연구원이 44.2%, 대학교수

<표 11> 지역별 논문 현황(주저자 기준)

지역	논문 수(비율)
서울	468(40.1)
대전	340(29.2)
세종, 충청	99(8.5)
인천, 경기	88(7.5)
부산, 대구, 울산, 영남	86(7.4)
기타	85(7.3)
합계	1,166(100.0)

가 36.4%로 나타났다. 한편 학술논문 저자(주저자 기준)의 소속 기관은 대학 52.7%, 정부 및 지방정부출연(연) 27.1%, 공공기관이 12.1%로 분석되

(그림 8) 연구자 직업 및 소속기관 현황 (주저자 기준)

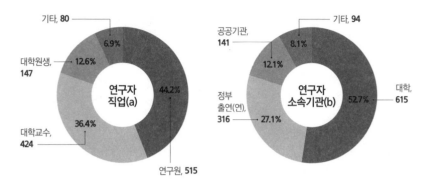

었다. 따라서 산업체 소속의 연구자나 연구그룹은 비율이 적은 것으로 나타나, 향후 산업체 쪽에서도 과학기술정책 관련 연구들이 활발하게 이루어져 산업체의 정책요구를 적극적으로 개진할 수 있어야 할 것으로 판단된다.

4) 연구분야별

과학기술정책의 연구분야는 (그림 9)와 같이 이찬구 외(2016)가 제시한 분류기준에 따라 과학기술 정책과정, 과학기술 공공관리, 연구관리, 기술혁신이라는 네 범주로 분석하였다. 먼저 '과학기술 정책과정'은 과학기술 활동을 둘러싸고 발생하는 정책결정·집행·평가 등의 전반적인 정책 활동을 연구하는 분야로 의제설정, 정책형성, 정책집행, 정책평가, 정책변동 등의 세부 연구분야로 구분된다. 두 번째로 '과학기술 공공관리'는 각각의 정책 내용을 실현하기 위해 필요한 각종 자원의 동원과 관리를 효율적으로 수행하기 위한 내용을 포함하는 연구분야로, 조직관리, 인력관리, 재정관리, 지식/정보관리, 장비/시설관리 등으로 구분된다. 세 번째로 '연구관리'는 연구개발의 수행 및 관리에 관련된 분야를 포함하고 있으며, 기술기획, 연구

(그림 9) 과학기술정책 연구의 분야 분석 기준

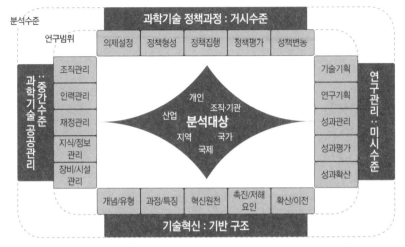

자료 : 이찬구 외(2017)

기획, 성과관리, 성과평가, 성과확산 등이 세부 연구범위로 다루어지고 있다. 마지막으로 '기술혁신'은 개념/유형, 과정/특징, 혁신원천, 촉진/저해요인, 확산/이전 등의 세부 연구분야로 구분가능하다(이찬구 외, 2016).

분석결과 가장 큰 비중을 차지하고 있는 연구분야는 연구관리 분야가 403편(34.6%), 기술혁신 분야가 404편(34.6%)으로 비슷한 비율로 연구가 수행된 것으로 나타났다. 다음으로는 과학기술 공공관리가 239편(20.5%), 과학기술 정책과정이 120편(10.3%)으로 나타난다. 따라서 대부분의 과학기술정책 연구의 약 70%가 연구관리 및 기술혁신 분야에서 이루어진 것으로 분석되었으며, 향후 균형있는 연구 학문으로 성장하기 위해서는 과학기술 정책과정 및 과학기술 공공관리 측면의 연구들이 활발하게 수행될 필요성이 있다.

과학기술 정책과정으로 분류된 연구논문 중, 정책평가에 관한 논문이

(그림 10) 연구분야 현황

\<표 12\> 연구분야별 연구수행 현황

연구 분야	빈도(비율)
과학기술 정책과정	120 (10.3)
과학기술 공공관리	239 (20.5)
연구관리	403 (34.6)
기술혁신	404 (34.6)
합계	1,166 (100.0)

45%로 가장 높은 비중을 차지하였다. 이 분야의 주된 연구주제들로는 과학기술분야 정책에 대한 평가와 향후 정책방향에 대한 제안 등이 많았으며, 제도와 법률에 대한 주제들도 많은 것으로 나타났다. 인용횟수가 높게 나타나는 논문의 주제로는 재정지원 정책의 효과분석(송종국·김혁준, 2009), 혁신정책 이론에 대한 이론(성지은·송위진, 2007)과 관련된 연구들이다.

과학기술 공공관리 분야로 분류된 논문 중에서는 지식/정보관리가 가장 높은 비율인 34.7%로 나타나며, 다음으로 인력관리가 22.6%로 나타났다. 특히 지식/정보관리 분야에서는 지식관리시스템 설계, 표준체계 구축 등에 대한 연구논문이 많은 것으로 분석되었다. 이 분야의 인용횟수가 높게 나타나는 논문으로는 조직 창의성 평가에 대한 모델 개발(노풍두 외, 2011), 기술혁신 연구자 관계분석(남수현·설성수, 2007) 등이다.

연구관리로 분류된 연구논문은 성과평가(33.3%) 및 성과관리(29.5%)가 높은 비율로 나타났다. 이 분야에서 인용횟수가 높게 나타나는 논문들도 주로 기술사업화에 관한 연구(김찬호 외, 2012; 박웅·박호영, 2014)들로 '성과활용'에 측면에서 연구가 많이 인용된 것으로 나타났다.

<표 13> 과학기술 정책과정 및 과학기술 공공관리 연구현황

과학기술 정책과정		과학기술 공공관리	
연구분야_중분류	논문수(비율)	연구분야_중분류	논문수(비율)
의제설정	32 (26.7)	조직관리	42 (17.6)
정책형성	16 (13.3)	인력관리	54 (22.6)
정책집행	11 (9.2)	재정관리	48 (20.1)
정책평가	54 (45.0)	지식/정보관리	83 (34.7)
정책변동	7 (5.8)	장비/시설관리	12 (5.0)
계	120 (100.0)	계	239 (100.0)

기술혁신과 관련된 논문의 경우, 과정과 특징에 관한 논문이 41.6%, 촉진/저해요인과 관련된 논문이 25.0%로 나타났다. 이 분야의 연구는 기술혁신을 위한 연구들이 다양한 산업부문에서 이루어지고 있었으며, 특히 ICT 관련 산업에서 기술혁신을 위한 연구들이 많은 것으로 분석되었다. 인용횟수가 높게 나타나는 이 분야의 논문들로는 기업의 혁신에 관한 연구(김영배·하성욱, 2000; 성태경, 2002; 홍장표·김은영, 2009)이다.

중분류 수준에서 분석한 주요 연구분야 현황을 종합해 보면, 과학기술

<표 14> 연구관리 및 기술혁신 연구현황

연구관리		기술혁신	
연구분야_중분류	논문수(비율)	연구분야_중분류	논문수(비율)
기술기획	69 (17.1)	개념/유형	53 (13.1)
연구기획	35 (8.7)	과정/특징	168 (41.6)
성과관리	119 (29.5)	혁신원천	42 (10.4)
성과평가	134 (33.3)	촉진/저해요인	101 (25.0)
성과확산	46 (11.4)	확산	40 (9.9)
계	403 (100.0)	계	404 (100.0)

정책과정은 정책평가, 과학기술 공공관리는 지식/정보관리, 연구관리는 성과평가, 기술혁신은 과정/특징에 대한 연구들이 활발히 수행된 것으로 분석되었다. 특히 정책평가 및 성과평가 등 평가에 대한 연구들이 많다는 것은 과학기술정책 연구가 근거기반 측면에서 실제 연구현장에서 활용하기 위한 실용적인 연구 비중이 높다는 것을 반증해 주고 있는 것으로 해석될 수 있다.

2. 과학기술정책 연구의 지식구조 및 지식흐름 분석

(1) 지식구조

1) 주제어 빈도

지식구조를 파악함에 있어, 분석의 기본단위는 주제어이다. 주제어는 크게 초록이나 논문 제목에서 추출하는 방법과 저자들이 지정하는 저자 키워드를 활용하는 방법이 있다. 초록에서 주제어를 도출하는 방법은 처리 단어 수가 많아 단어정제에 시간이 많이 소요되나, 저자들이 제시하는 저자 키워드에 비해 많은 단어들을 도출할 수 있는 장점이 있다. 반면, 저자 키워드는 저자가 학술논문의 내용을 요약한 핵심적인 단어로 연구논문을 표출해 줄 수 있는 중요한 요소이며 정보활용을 위한 기본 색인어로 활용된다(이유진·양위주, 2016: 368). 따라서 저자 키워드는 논문당 평균 5개 정도의 최소 정보로 논문전체를 파악할 수 있기 때문에 가장 효율적으로 논문을 대표할 수 있다. 또한 단어정제 절차도 비교적 간단하여 시간이 절약되는 장점이 있다. 본 연구에서는 초록 주제어와 저자 주제어를 보완적으로 사용함으로써 각 주제어 도출방식이 가지는 장점을 최대로 활용하고자 하였다. 구체적으로 전체 주제어 파악을 통한 지식구조 도출은 저자 키워드를 활용함으로써 저자들이 5개 난어에 표현하고자 했던 연구주제들을 최대한으로 반영하고자 하였다. 반면, 시기별 연구주제 파악은 각 시기별로 다루어지는 분석대상 논문수가 적고 그 결과 주제어 정보량이 많지 않아, 초록 주제어를 활용하였다. 단어 정제작업은 초록 및 저자 주제어를 대상으로 외국어와 한글로 나타난 주요 핵심어를 통일된 기준으로 단어를 정리하였으며, 유의어, 유사어, 외래어, 약어 등을 통일하는 절차를 거쳤다.

정제된 주제어를 대상으로 빈도수가 높게 나타나는 핵심 주제어를 파악

<표 15> 과학기술정책연구 핵심 주제어

(상위 30)

저자 주제어						초록 주제어					
순위	주제어	빈도	순위	주제어	빈도	순위	주제어	빈도	순위	주제어	빈도
1	기술혁신	74	16	생명공학기술	21	1	기술	961	16	효율성	156
2	국가R&D사업	65	17	계층분석법	20	2	연구개발	649	17	투자	152
3	기술	37	18	한국	19	3	한국	611	18	벤처기업	144
4	연구개발	37	19	공공연구기관	17	4	성과	411	19	지역	140
5	기술이전	36	20	과학기술정책	17	5	혁신	392	20	표준화	135
6	중소기업	36	21	지역혁신체제	17	6	평가	375	21	실증분석	134
7	특허	34	22	확산	17	7	연구개발투자	255	22	미국	128
8	과학	31	23	네트워크분석	16	8	기술혁신	245	23	국가R&D사업	122
9	벤처기업	30	24	효율성	16	9	중소기업	231	24	연구개발사업	115
10	기술사업화	29	25	개방형혁신	15	10	특허	229	25	기술개발	114
11	연구개발투자	28	26	국가혁신체제	15	11	과학기술	187	26	과학	112
12	연구개발성과	27	27	지식재산권	15	12	기술이전	186	27	정부출연(연)	112
13	정부출연(연)	27	28	혁신클러스터	15	13	IT	177	28	클러스터	107
14	기술가치평가	26	29	공동연구개발	14	14	대학	175	29	혁신활동	103
15	혁신	22	30	표준	14	15	네트워크	157	30	경쟁력	102

해 본 결과, 저자가 직접 지정한 저자 주제어는 '기술혁신', '국가연구개발사업', '기술', '연구개발', '기술이전' 등이 상위 5위 안에 들었다. 한편 초록에서 도출한 초록 주제어는 '기술', '연구개발', '한국', '성과', '혁신' 순으로 빈도가 높게 나타났다. 범위를 확장하여 상위 30개의 저자 및 초록 주제어를 비교해 보아도 큰 차이가 없다. 따라서 초록에서 도출한 주제어와 저자 주제어가 크게 다르지 않음을 확인할 수 있었다. 초록 및 저자 주제어 상위에 오른 주제어들은 과학기술정책의 연구주제에서 가장 빈번하게 채택되는 것들로, 과학기술정책 연구의 주제를 포괄적으로 대표한다고 볼 수 있다. 그러나 이들 단어의 빈도만으로 연구주제를 면밀하게 파악하기에는 어려움이 있다. 따라서 주제어 수를 확장하여 네트워크 상에서의 중심성을 산출하고, 주제어를 군집화하여 지식구조별로 살펴보고, 시기별로 주제어 파악을 통해 지식흐름을 살펴보고자 하였다.

초록에서 추출한 핵심 주제어들을 아래 〈표 16〉과 같이 연구분야(focus) 측면에서 이찬구 외(2016)가 제안한 4대 연구범위인 과학기술 정책과정, 과학기술 공공관리, 연구관리, 기술혁신으로 구분해 볼 수 있다. 이들 핵심 주제어 중 연구대상(locus) 및 연구방법에 관련된 주제어도 혼재해 있다. 특히 국가수준의 연구대상은 저자 키워드 상위 50개에는 한국 밖에 없으나, 초록 키워드 상위 50에는 미국, 일본, 선진국 등이 포함되어 있어 분석대상 국가를 보완적으로 볼 수 있었다. 연구방법 측면에서는 저자 및 초록 키워드로 계층적분석기법(AHP), 네트워크분석, 자료포락분석(DEA), 사례분석 등이 공통적으로 상위에 올랐으며, 이외에도 실증분석, 설문조사 등 일반적으로 사용되는 연구분석 방법들은 저자들이 지정하지는 않지만, 초록 키워드 상위에는 포함되어 있었다.

<표 16> 4대 연구범위 및 연구대상·방법별 핵심 주제어

연구 분야	과학기술 정책과정	과학기술정책
	연구관리	연구개발, 연구개발투자, 연구개발관리, 연구개발비, 특허, 기술이전, 기술사업화, 확산, 기술가치평가, 기술평가, 기업성과, 연구개발성과, 성과평가, 경영성과, 효율성, 지식재산권, 기술예측, 유망기술, (기술료)
	기술혁신	기술혁신, 혁신, 지역혁신체제, 개방형혁신, 국가혁신체제, 혁신클러스터, 기술혁신유형, 혁신체제, (혁신활동)
	과학기술 공공관리	국가연구개발사업, 공공연구기관, 공동연구개발, 과학기술인력, 표준, 산학협력, (연구개발), (연구개발투자), (표준화), (연구자)
연구 대상	국가 수준	한국, (미국), (일본), (선진국)
	기관·조직수준	중소기업, 벤처기업, 기업, (대기업), (대학)
	산업·기술수준	과학, 기술, 생명공학기술, 디지털, 정보통신, 정보통신산업, (과학기술), (에너지), (통신), (소프트웨어)
연구방법		계층적분석기법(AHP), 네트워크분석, 자료포락분석(DEA), 사례연구, 산업연관분석, 요인분석, (실증분석), (설문조사),

주 : ( )안의 주제어는 상위 50 초록 주제어에만 포함되어 있으며, ( )가 없는 주제어는 저자 및 초록 주제어
상위 50개에 공통적으로 포함된 단어이다.

2) 핵심 주제간 네트워크

과학기술정책 연구의 전체적인 지식구조를 살펴보기 위해, 출현 빈도 10
이상의 저자 주제어로 네트워크 지도를 구성하였다. 저자 주제어는 초록 주
제어와 크게 차이나지 않으면서도 주제어를 정리하는 사람의 주관보다는
연구저자들의 주관적인 판단이 더 중요하게 반영되어 있으며, 초록 주제어
에 비해 빈도수가 적게 나와 전체적인 구조 파악에 더 적합하기 때문에 저
자 주제어를 활용하였다. 정리된 3,166개의 저자 주제어 가운데 빈도 10
회 이상 출현한 주제어는 50개이다. 이들 50개 주제어를 핵심 주제어로 정
의하고, 이들 사이의 네트워크 분석을 수행하였다. 분석 결과, 50개의 핵심
주제어는 976개의 링크로 연계된다. 다음으로 네트워크 상에서 실제 연결
된 링크수를 이론적으로 연결가능한 최대 링크수로 나눈 밀도(density)는

0.398이며, 단어 사이의 평균 도달 거리는 19.52로 나타나며, 이는 (그림 11)과 같이 도식화할 수 있다.

네트워크 지도를 통해 과학기술정책 연구의 전체적인 핵심 주제어들 간의 연결성을 파악한 후에, 이들 핵심 주제어들의 네트워크 속에서 개별 역할을 파악하기 위해서 중심성 분석을 수행하였다. Freeman(1979)은 각 노드의 중심성을 측정하는 3개의 중심성 지표를 소개하였는데, 이는 연결중

(그림 11) 과학기술정책 연구 네트워크 지도

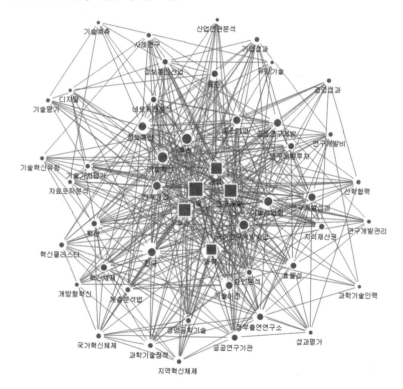

주 1 : 출현 빈도가 높은 50개의 핵심 주제어 사이의 네트워크 지도이다. 노드의 크기가 크면, 연결 중앙성이 높고, 동시출현 빈도가 많은 노드는 상대적으로 가까운 거리에 위치한다.
주 2 : ■로 표시된 주제어는 연결중심성 상위 5위안에 포함된다.

심성(degree centrality), 근접중심성(closeness centrality), 매개중심성 (betweenes centrality)으로 이후 네트워크 분석에 있어서 가장 널리 사용 되는 척도가 되었다(NodeXL Korea. 2015, 재인용). 먼저 연결중심성은 하나의 노드가 다른 노드와 직접적으로 링크된 수를 계량화하여 네트워크 의 중심에 위치하는 정도를 나타낸다(최창현, 2006). 일반적으로 주제어와 주제어 간의 조합은 연구주제가 된다. 따라서 연결중심성이 높은 주제어는 논문에서 다른 주제어와 함께 많이 사용된 주제어이기 때문에, 이러한 주제 어를 사용한 연구주제가 많다는 것을 의미한다(고재창 외, 2013). 또한 연 결중심성이 높게 나타나는 주제어는 다른 주제어와의 관계성이 높다는 것 을 의미한다. 연결중심성 분석결과 '기술', '연구개발', '혁신', '기업', '과학' 이 연결중심성이 가장 높은 주제어로 나타났다. 따라서 50개의 핵심 주제 어 사이에는 '기술', '연구개발', '혁신', '기업', '과학'을 허브로 하는 네트워 크가 형성되어 있으며, 지난 20년 이상 동안 과학기술정책 연구의 가장 핵 심주제는 기술 및 연구개발, 혁신, 기업, 과학으로 나타났다. 또한 이들 상 위 주제어들이 과학기술정책 연구의 허브 역할을 하고 있음을 간접적으로 알 수 있다.

다음으로 매개중심성은 노드와 노드 사이의 최단경로 상에 위치하는 정 도를 의미하는 것으로, 상이한 클러스터를 연결하는 노드일수록 매개중심 성이 높게 나타나며 네트워크 상에서 매개자 혹은 중재자 역할을 하는 주 제어임을 의미한다(이주연 외, 2015). 따라서 매개중심성은 한 노드가 다른 노드들간의 네트워크 관계에서 중개자나 매개자 역할을 얼마나 수행하는 지를 알 수 있는 척도로, 다양한 연구간 매개가 되는 주제어를 분석가능하 다. 한편 근접중심성은 네트워크에서 각 노드간의 거리의 개념을 이용하여 최단거리의 합을 이용하여 전체 네트워크에서 가장 중심이 되는 노드를 찾는 방식으로, 모든 노드로부터 가장 짧은 거리에 있는 노드이다(한장협 외, 2012). 따라서 근접중심성은 한 노드가 다른 노드들과 얼마나 평균적으로 가까이 있는지를 측정하는 중심성 척도로 전체 네트워크 중심에 근접한 노드를 알 수 있다. 핵심 주제어의 근접중심성과 매개중심성을 분석한 결과, 기술 〉 연구개발 〉 혁신 〉 기업 〉 과학 순으로 근접 및 매개중심성이 동일하게 나타났다. 따라서 과학기술정책 연구에서, 기술, 연구개발, 혁신, 기업,

<표 17> 핵심 주제어의 중심성 분석

순위	주제어	연결 중심성	순위	주제어	근접 중심성	순위	주제어	매개 중심성
1	기술	1.00	1	기술	1.00	1	기술	0.11
2	연구개발	0.90	2	연구개발	0.91	2	연구개발	0.07
3	혁신	0.88	3	혁신	0.89	3	혁신	0.06
4	기업	0.82	4	기업	0.84	4	기업	0.05
5	과학	0.73	5	과학	0.79	5	과학	0.04
6	기술혁신	0.71	6	기술혁신	0.78	6	특허	0.04
7	특허	0.71	7	특허	0.78	7	기술혁신	0.03
8	국가R&D사업	0.65	8	국가R&D사업	0.74	8	국가R&D사업	0.02
9	기술사업화	0.59	9	기술사업화	0.71	9	정보통신	0.02
10	정보통신	0.57	10	정보통신	0.70	10	기술사업화	0.02
11	벤처기업	0.55	11	벤처기업	0.69	11	한국	0.02
12	한국	0.53	12	한국	0.68	12	벤처기업	0.01
13	중소기업	0.49	13	중소기업	0.66	13	중소기업	0.01
14	연구개발성과	0.49	14	연구개발성과	0.66	14	공동연구개발	0.01
15	공동연구개발	0.49	15	공동연구개발	0.66	15	기술이전	0.01
16	기술이전	0.47	16	기술이전	0.65	16	연구개발성과	0.01
17	정부출연연구소	0.41	17	정부출연연구소	0.63	17	정부출연연구소	0.01
18	표준	0.41	18	표준	0.63	18	혁신체제	0.01
19	혁신체제	0.41	19	혁신체제	0.63	19	정보통신산업	0.01
20	효율성	0.39	20	효율성	0.62	20	표준	0.00

과학 등의 주제어는 타 주제어와의 연결도 많으면서, 타 주제와의 매개자 역할도 하면서, 연구주제의 중심에 위치한 가장 핵심적인 주제어임을 확인할 수 있었나.

3) 지식구조 도출

앞 절에서 핵심 주제어를 활용하여 전체적인 네트워크 구조를 살펴보고, 네트워크 상에서 핵심 주제어의 역할과 기능을 중심성 분석을 통해 파악한 후, 체계적으로 과학기술정책 연구의 구조와 연구주제간 관계를 보기 위한 지식구조 도출이 필요하다. 지식구조 도출을 위해서는 군집분석의 시각화 기능이 뛰어난 VOSviewer를 활용하였다. VOSviewer는 Eck and Waltman(2010)에 의해 개발된 소프트웨어로 주로 네트워크를 맵형태로 구현하기 위해 개발되었다(정대현 외, 2017). [9] VOSviewer를 통해 군집분석을 수행한 결과, 도출된 군집 수는 8개이다.

군집 1은 이찬구 외(2016)가 제시한 4대 연구범위 중 '연구관리'와 관련된 주제어들로, 기술사업화, 기술이전, 성과평가, 지식재산권, 특허 등이다. 군집 2 역시 '연구관리' 와 관련된 주제들이 포함되어 있으며, 기술예측, 기

---

9) VOSviewer는 다양한 관계에 대해 동시 발생행렬표를 구현하고, 이를 통해 맵을 구현한다. VOSviewer 구현은 3가지 단계를 거친다. 첫 번째 단계는 동시 발생행렬표를 기반으로 카테고리간 유사도를 계산한다. 유사도 계산에 사용된 Association strength의 식은 다음과 같다.

$$\text{Association strength} = \frac{m\,C_{ij}}{C_{ii}\,C_{jj}}$$ (Cij는 i와 j간 발생 회수, Cii와 Cjj는 각각 i와 j의 발생회수, m은 전체 모수)

두 번째 단계는 첫 번째 단계에서 계산된 유사도를 기반으로 맵을 구현한다. 즉 유사도가 높은 관계는 맵 상에서 인접하며, 유사도가 낮은 관계는 멀리 떨어져 있다. 마지막 단계는 노드들을 클러스터링하고 밀도를 구분하여 표시한다(정대현 외, 2017).

<표 18> 과학기술정책 연구의 지식구조 (군집분석 결과)

연구범위	군집	핵심 주제어
연구관리	군집1	경영성과, 공공연구기관, 공동연구개발, 국가연구개발사업, 기술사업화, 기술이전, 산학협력, 성과평가, 연구개발, 연구개발관리, 연구개발성과, 연구개발투자, 지식재산권, 특허
	군집2	계층분석법, 기술, 기술예측, 기술평가, 생명공학기술, 요인분석, 유망기술, 자료포락분석, 정보통신, 정보통신산업, 효율성
	군집3	기술가치평가, 기업, 기업성과, 디지털, 벤처기업, 사례연구, 중소기업, 표준, 한국
과학기술 공공관리 과학기술 정책과정	군집4	과학, 과학기술인력, 과학기술정책, 네트워크분석, 연구개발비, 정부출연연구소
기술혁신	군집5	국가혁신체제, 지역혁신체제, 혁신, 혁신체제, 혁신클러스터
	군집6	기술혁신, 기술혁신유형, 확산
	군집7	개방형혁식
-	군집8	산업연관분석

(그림 12) 과학기술정책 연구의 지식구조 네트워크

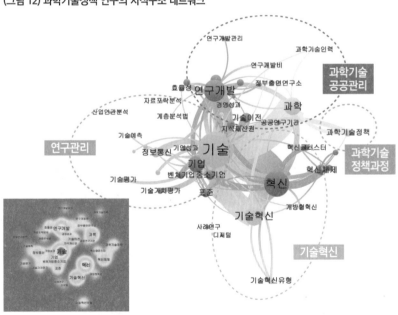

술평가, 유망기술 등 기술과 관련된 주제어와 정보통신, 정보통신산업 등 연구대상 기술 측면의 주제어들이 혼재되어 있다. 군집 3도 군집 1 및 2와 마찬가지로 연구관리에 대한 주제어들이 주로 포함되어 있으며, 기업, 기업 성과, 벤처기업, 중소기업, 표준 등 연구관리 주제의 연구대상(locus) 측면의 주제어들이 포함되어 있다. 군집 4는 과학기술 공공관리 및 과학기술 정책과정에 대한 주제어들이 혼재되어 있다. 다음으로 군집 5, 6, 7은 기술혁신과 관련된 주제어들이 포함되어 있다. 특히 군집 5는 지역혁신체제, 국가혁신체제, 혁신체제, 혁신클러스터 등의 주제들이 포함되어 있으며, 군집 6은 기술혁신, 기술혁신 유형, 확산이, 군집 7에는 개방형 혁신에 관한 주제어가 포함되어 있다.

(2) 시기별 지식흐름

시기별 지식흐름의 파악은 정권별로 분석하였다. 분석대상이 시기별로 분리되면서 분석대상 논문수가 적은 김영삼 정부의 경우 활용할 수 있는 저자 키워드 수가 매우 작기 때문에, 저자 키워드 대신 각 시기별로 풍부하게 도출될 수 있는 초록 키워드를 활용하였다. 정권별 빈도 10 이상의 주제어를 핵심 주제어로 하고, 이를 활용하여 네트워크 분석을 수행하였다. 다만, 분석대상 논문수가 적은 김영삼 정부 시기에는 빈도 5 이상의 29개 주제어로 네트워크 지도를 구성하였다. 시기별 네트워크 분석에서는 빈도 10 이상의 주제어를 대상으로 분석대상으로 하되 연결중심성이 반올림하여 1에 해당하는 주제어는 제외하고 분석하였다. 이는 해당 시기별의 특이성을 보기 위해서 전 시기에 걸쳐 공통적으로 연결중심성 상위에 오른 주제어를 의

도적으로 제외하기 위함이다. 연결중심성 1에 해당하여 시기별 네트워크 분석에서 제외된 주제어는 기술, 연구개발, 한국, 성과, 혁신, 투자, 기술혁신, 환경, 과학, 논문, 평가, 경쟁력, 과학기술, 기술개발이다.

먼저 김영삼 정부의 경우 타 시기와 유사하게 상위 주제어는 '연구개발', '기술', '한국' 등으로 나타나며, 타 시기와 다소 차이가 나는 주제어는 '벤처기업', '효율성' 및 '생산성' 등이 상위에 올랐다. 한편 '민간'과 '인력'이 연결중심성이 가장 높은 주제어로 도출되었다. 김영삼 정부는 '작고 강력한 정부'를 표방하며, '민간중심의 행정', '경쟁체제의 도입'을 개혁목표로 삼은 만큼(이선우, 2016: 10), '민간'을 중심으로 '민간기업', '연구개발지출', '효율성', '자금' 등이 한 군집을 이루며 효율적인 연구개발연구에 관한 연구가 수행되었다. 다음으로 '인력'과 관련하여서는 '연구개발인력', '기술경쟁력' 등의 주제어가 한 군집으로 도출되어, 연구개발수행 주체인 연구인력의 중요성이 연구주제로 강조되었다. 다음으로 '연구원', '연구소', '연구개발사업', '연구개발투자', '연구기관' 등의 주제어들이 한 군집으로 이루어져 과학기술정책 연구의 공공관리 측면에서 일반적인 연구주제들이 수행되었다.

다음으로 '작지만 봉사하는 효율적인 정부'를 표방한 김대중 정부 시기에는 '미국', '일본' 등의 주제어가 상위에 올랐으며, 기술 분야로는 'IT'분야에 대한 연구가 증가하였다. 또한 '혁신' 및 '기술혁신' 등의 주제어가 상위로 등장하여 혁신에 대한 연구들이 활발하게 수행되기 시작하였으며, '기술이전' 및 '특허' 등 연구개발 성과의 구체적인 활용에 대한 연구주제들이 본격적으로 많아졌다. 또한 이 시기의 빈도 10이상 73개 주제어로 네트워크 분석을 수행한 결과, 주제어간 1,778개의 링크수를 가지며 이전 시기에 비해 훨씬 더 긴밀한 연결구조로 나타났다. 연결중심성이 높게 나타나는 주제어는 '일본', '통신', '미국', '국제', '인프라' 순으로 나타나며, 이 시기에는 해외사례 연구를 통해 국가경쟁력을 높이려 하는 시도들이 많아졌음을 알 수 있었다. 이 시기의 지식구조는 6개 군집으로 나뉘었으며, 특히 이전 시기에는 강조되지 않았던 혁신과 관련된 주제들이 한 군집으로 도출되었다. 혁신과 관련된 연구주제들로는 '혁신체제', '지역', '국가혁신체제', '지역혁신체제' 등이 있었으며, 혁신체제 구축을 위한 연구들이 본격적으로 수행되었음을 확인할 수 있었다. 또한 '소프트웨어', '정보화', '통신', '표준화', '통신' 등의 주제어들이 한 군집을 이루고 있어, 이전 시기에 일반적인 연구주제들이었던, 인력, 연구개발투자 등에서 IT와 같은 세부적인 기술분야 연구들도 수행되기 시작함을 알 수 있다. 한편 김영삼 정부 시기부터 연구되기 시작한 공공관리 측면의 연구주제들인 연구소, 연구원, 연구개발투자, 연구개발활동, 연구기관 등의 주제어가 한 군집을 이루고 있는 것으로 나타나, 과학기술 공공관리 측면의 연구가 더욱 확대되었다.

다음으로 노무현 정부는 지방분권과 국가 균형 발전이 12대 국정과제의 하나로 포함된 만큼 클러스터, 지역, 네트워크 등 지역의 혁신구조에 대한 연구주제가 많이 등장하였다. 연구대상으로는 출연(연) 및 대학이 연구주제로 많이 등장하였다. 한편 빈도 10 이상의 123개 주제어로 네트워크 분석을 수행한 결과, 3,808개의 링크수를 가지며 연결 중심성 상위 주제어는 네트워크, 통신, IT, 설문조사, 비즈니스로 나타나, 이 시기에는 정보통신기술 분야에 대한 연구가 많이 이루어진 것으로 분석된다. 정보통신기술 분야에 대한 연구는 김대중 정부 시기부터 본격적으로 등장하였으나, 이 시기에는 IT, 통신, TV, 방송, DMB, 네트워크, 가격, 이동통신 등이 한 군집을 이루고 있으며, 군집 규모 역시 이전 시기에 비해 외연적으로 확대되었다. 공공 관리 측면에서는 연구기관의 평가체계에 대한 연구주제가 강조되었다. 또한 벤처기업 열풍이 일기 시작한 2000년대 초반의 분위기를 반영하여, 벤처기업에 대한 연구가 강조되었으며, 동일 군집으로 묶인 특허, 지식재산권, 기술료, 보상 등 기술개발 이후 시장가치 창출에 대한 연구도 강조되었음을 확인할 수 있었다.

이명박 정부의 경우 이전 시기에서 벤처기업에 대한 주제어 빈도가 상위에 오른 것에 비해 이 시기에는 중소기업이 상위에 올랐다. 또한 이 시기에는 국가연구개발사업이 상위에 오르기 시작하여 박근혜 정부까지 지속적으로 연구주제로 많이 채택되었다. 이외에도 다른 시기에는 볼 수 없었던 '실패'가 상위에 올랐으며, 녹색성장이라는 정책기조에 대응하여 20위 안에는 들지 못했으나, '에너지' 및 '바이오', '신재생에너지'가 다른 시기에 비해 연구주제로 많이 채택되었다. 빈도 10 이상의 117개 주제어로 네트워크 분석을 수행한 결과, 3,740개의 링크수를 가지며 연결 중심성 상위 주제어는 '실증분석', '특허', '연구개발투자', '경영', '지역' 등으로 나타났다. 군집분석 결과 이전 시기에는 등장하지 않았던 '연구개발사업', '국가연구개발사업', '성과관리', '기술영향평가' 등 국가연구개발사업 및 사업결과에 대한 관심이 크게 증대되었음을 알 수 있었다. 또한 이 시기에는 '특허'가 연결중심성이 높게 나타나며, 특허와 동일 군집으로 묶인 주제는 '기술가치평가', '수명', '지식흐름' 등으로 나타나 지식활용에 대한 관심이 많았음을 확인할 수 있었다.

박근혜 정부에는 기술이전, 표준화, 특허, 사업화, 기술사업화 등 연구개발성과 활용 측면에 대한 연구주제가 두드러진 특징으로 나타나며, '창조

<표 19> 정권별 핵심 주제어

(상위 20)

김영삼 (1993-1997)		김대중 (1998-2002)		노무현 (2003-2007)		이명박 (2008-2012)		박근혜 (2013-2018)	
주제어	빈도	주제어	빈도	주제어	빈도	주제어	빈도	주제어	빈도
연구개발	60	기술	270	기술	294	기술	187	성과	171
기술	55	한국	197	한국	226	연구개발	153	기술	155
한국	36	연구개발	145	연구개발	157	성과	137	연구개발	134
평가	33	평가	81	혁신	139	평가	95	중소기업	105
과학기술	19	혁신	74	평가	105	기술혁신	89	혁신	100
투자	19	과학	48	클러스터	68	중소기업	84	기술이전	90
기술개발	15	미국	47	성과	65	연구개발투자	83	표준화	90
벤처기업	14	기술혁신	42	지역	64	한국	81	연구개발투자	84
연구개발사업	14	일본	37	네트워크	56	특허	80	한국	71
효율성	14	기술이전	34	벤처기업	56	과학기술	74	특허	67
민간	13	IT	30	IT	55	혁신	74	기술혁신	62
생산성	12	과학기술	30	정부출연(연)	53	IT	67	대학	62
연구소	12	벤처기업	29	특허	53	실증분석	62	평가	61
과학기술정책	11	성과	29	연구개발투자	52	효율성	62	국가R&D사업	53
연구개발인력	10	특허	29	기술혁신	48	국가R&D사업	57	실증분석	47
성과	9	네트워크	27	투자	46	대학	44	사업화	44
연구개발비	9	대학	27	경쟁력	44	네트워크	39	기술사업화	40
연구개발투자	9	연구개발투자	27	대학	40	지역	38	투자	36
경쟁력, 기술이전, 미국, 일본, 품질	8	통신	27	소비자	40	혁신활동	37	네트워크	35
		투자	25	비즈니스	36	실패, 연구개발사업	34	창조경제	33

경제' 역시 빈도 33으로 20위에 올랐다. 빈도 10 이상의 129개의 주제어로 네트워크 분석을 수행한 결과, 4,160개의 링크선으로 다른 시기에 비해 가장 많은 주제어간 연계를 가져 지식구조가 긴밀해 졌음을 알 수 있었다. 연결중심성 상위 주제어는 '특허', '실증분석', '중소기업', '회귀분석', '인력' 등으로 나타난다. 군집분석 결과 10개의 군집으로 나누어지며, '특허', '사

(그림 13) 시기별 핵심 주제어 네트워크

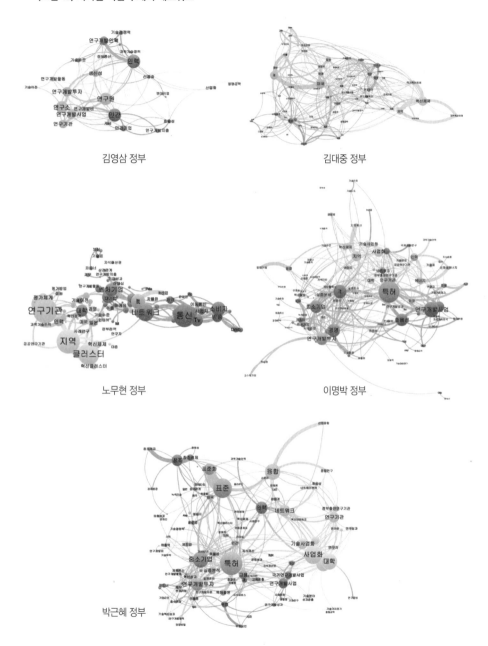

김영삼 정부

김대중 정부

노무현 정부

이명박 정부

박근혜 정부

업화', '표준', '융합' 등을 중심으로 지식구조가 형성된 것으로 나타났다. 특히 '융합'은 '산업융합', '융합연구' 등의 주제어와 군집을 이루어 이전 시기에 나타나지 않은 지식구조를 형성하고 있다.

따라서 정권별로 본 시기별 연구주제는 초창기에는 지식구조가 긴밀하지 않으며, 연구주제도 다양하지 않는 것으로 나타났지만, 최근에는 분석대상 및 연구주제가 다양하게 변화하고 있으며, 지식구조가 긴밀해 짐을 볼 수 있었다.

<표 20> 시기별 핵심 주제어 네트워크 분석 결과

	김영삼 정부	김대중 정부	노무현 정부	이명박 정부	박근혜 정부
노드수 (핵심주제어)	29	73	123	117	129
링크수	250	1,778	3,808	3,740	4,160
밀도	0.308	0.338	0.254	0.276	0.252
평균 연결정도	8.621	24.356	30.959	31.966	32.248
연결중심성 상위 주제어 5	민간, 인력, 연구원, 연구소, 연구개발투자	일본, 통신, 미국, 국제, 인프라	네크워크, 통신, IT, 설문조사, 비즈니스	실증분석, 특허, 연구개발투자, 경영, 지역	특허, 실증분석, 중소기업, 회귀분석, 인력
주요 특징	·'민간' 및 '인력'과 관련된 주제가 주요 군집 ·연구개발인력, 기술경쟁력 등 '과학기술 공공관리' 측면의 일반적 연구주제 많음	·'혁신, 혁신체제' 및 '소프트웨어, 정보통신' 등의 주제가 주요 군집 ·연구소, 연구원, R&D투자 및 활동 등 '과학기술 공공관리' 측면의 연구 더욱 확대	·지역 혁신구조 및 출연(연), ICT에 대한 연구주제 많이 등장 ·연구기관 평가 및 시장가치 창출 등 '연구관리' 측면의 연구 확대	·국가연구개발사업 및 사업결과에 대한 연구관심 증대 ·특허 등 지식활용에 대한 관심 증대	·연구개발성과 활용 측면의 연구주제 더욱 확대 ·융합 연구에 대한 주제가 강조

주 1 : 밀도란 네크워크 내의 노드들이 얼마나 긴밀하게 연결되어 있는지 측정하는 지표로, 밀도가 높은 네트워크는 정보의 확산이 빠름을 의미한다(고재창 외, 2013).
주 2 : 핵심 주제어수는 빈도 10 이상으로 선정하여 네트워크 분석을 하였으나, 김영삼 정부의 경우 분석대상 논문수가 작아 빈도 5 이상으로 선정하였다.

V. 맺음말 및 시사점

본 연구는 과학기술정책 연구의 정체성 파악과 개념 정립을 위해 과학기술정책 연구가 무엇을 연구하는 학문인가에 대한 해답을 구하고자 하였다. 따라서, 그 동안의 과학기술정책 연구가 어떻게 이루어졌는가에 대한 내용분석을 통한 연구현황과 네트워크 분석을 통한 과학기술정책 연구의 지식구조 및 지식흐름을 파악하고자 하였다. 먼저 과학기술정책 연구의 현황은 다음과 같이 정리될 수 있다.

첫째, 과학기술정책 연구는 다양한 집단간의 공동연구가 주를 이루고 있으며, 공동연구의 비중은 점차 확대되고 있는 것으로 분석되었다. 또한 지역별로는 서울, 대전 지역에서의 연구가 70%를 차지하고 있으며, 연구원 및 대학교수 중심으로 많은 연구들이 수행되고 있는 것으로 분석되었다. 따라서 향후 과학기술정책 연구는 서울, 대전 지역에만 편중되지 않고 전 지역으로 확산될 필요성이 제기된다. 특히 서울·경기 지역, 대전·세종을 중심으로 하는 충청 지역, 부산·경남을 거점으로 하는 부경권 등 지역 거점을 확대해야 할 필요성이 제기된다. 또한 대학 및 정부출연(연) 이외에 산업체의 연구도 활발해져 과학기술정책 현장에서 제기될 수 있는 다양한 정책연구들이 이루어져 산업체의 정책요구를 적극적으로 개진할 수 있어야 할 것으로 판단된다. 한편 과학기술정책 연구가 융·복합연구 성격을 띤 만큼 향후 공동연구가 더욱 활발해질 것으로 예상된다. 둘째, 과학기술정책의 연구분야는 이찬구 외(2016)가 규범적으로 제시한 4대 연구범위인 과학기술 정책과정, 과학기술 공공관리, 연구관리, 기술혁신 측면에서 살펴본 결과, 연구관리 및 기술혁신 분야에서 약 70% 이상의 연구들이 이루어진 것으로 나타났다. 따라서 균형있는 학문분야로 성장하기 위해서는 향후 과학기술 정책과정 및 과학기술 공공관리 분야에서도 많은 연구들이 수행되어야 할 것이나.

다음으로 지식구조 및 지식흐름 파악을 위해 주제어 네트워크 분석을 통해 도출된 내용은 다음과 같이 정리할 수 있다. 먼저, 과학기술정책 연구의 핵심 주제어는 저자 주제어 중심으로 도출한 결과 기술혁신, 국가연구개발사업, 기술, 연구개발, 기술이전 순으로 높게 나타났다. 또한 저자 주제어 상위 50개를 대상으로 네트워크 분석을 수행한 결과, 연결중심성 측면에서 '기술', '연구개발', '혁신', '기업', '과학'을 중심으로 하는 허브가 형성되어 다양한 연구주제들이 연결되어 있는 것으로 나타났다. 이들 저자 주제어를 대상으로 군집분석을 수행하여 하부 지식구조를 파악한 결과, 8개의 군집으로 구분되었다. 구체적으로 군집 1, 군집 2, 군집 3은 공통적으로 연구관리 측면으로 볼 수 있으며, 성과 측면의 연구주제들이 대다수 포함되어 있었다. 특히 군집 3은 '연구관리' 측면의 연구들이 이루어지는 연구대상에 대한 것들로 조직측면에서는 기업, 벤처기업, 중소기업 수준에서, 기술측면에서는 정보통신에 대해 많은 연구가 수행된 것으로 나타났다. 다음으로 군집 4는 과학기술 정책과정과 과학기술 공공관리에 대한 연구주제들이 혼재해 있는 것으로 나타나며, 과학기술정책, 연구개발비, 과학기술인력, 정부출연연구기관에 대한 연구들이 군집을 이루고 있었다. 마지막으로 군집 5, 6, 7은 기술혁신에 대한 것으로 특히 군집 5는 혁신체제, 군집 6은 기술혁신 유형과 확산에 대해, 군집 7은 개방형 혁신에 대한 연구주제들로 지식구조를 파악할 수 있었다. 따라서 과학기술정책 연구의 연구주제를 실증분석한 결과, 이찬구 외(2016)가 규범적으로 제시한 4대 연구범위 수준에서 구분가능함을 재확인할 수 있었다. 다만 주제어를 통해 파악한 지식구조는 연구대상 및 연구방법들이 혼재해 있어, 향후 과학기술정책 연구의 연구대상 및 연구방법도 세분화하여 보완하면 더욱 체계적인 과학기술정책의 연구범위로 개선될 수 있을 것으로 판단된다.

다음으로 과학기술정책 연구의 시기별 지식흐름을 분석한 결과, 김영삼 정부 시기에는 연구개발인력과 연구개발투자에 대한 일반적인 연구주제들이 중심적인 주제로 도출되어 초기 연구들이 이루어지기 시작하였다. 다음으로 김대중 시기에는 본격적인 도약 단계로 일본, 미국 등 선진국 사례연구가 활성화되기 시작하면서 과학기술 인프라 구축에 대한 연구가 중심에 있었다. 특히 이 시기에는 '혁신', '혁신체제', '지역', '국가혁신체제', '지역혁신체제' 등 혁신체제 구축을 위한 연구들이 본격적으로 등장하였다. 노무현 정부 시기에는 지방분권과 국가 균형 발전이 주요 국정과제였던 만큼 '클러스터', '지역', '네트워크' 등 지역의 혁신구조에 대한 연구주제가 많이 등장하였다. 이명박 정부 들어서는 녹색성장에 대한 정책이슈가 급증하면서 연구주제 역시 '바이오'나 '에너지'에 대한 연구가 급증하였으며, '국가연구개발사업' 및 '특허'에 대한 연구 또한 많이 수행된 것으로 분석되었다. 마지막으로 박근혜 정부 시기에는 창조경제 이슈의 등장과 더불어 연구주제는 연구성과 활용측면이 강조된 시기였다. 따라서 과학기술정책 연구는 초기에는 연구인력, 연구개발투자에 대한 일반적인 흐름에서 출발하여 기술혁신, 기술이전, 기술가치평가 등에 관한 연구가 많아지고, 더 나아가 혁신체제나 개방형 혁신 등 더욱 세분화된 연구주제들이 많이 등장하는 지식흐름을 보여주고 있는 것으로 나타났다. 따라서 과학기술정책 연구의 지식흐름을 4대 연구범위(이찬구 외, 2016)별로 살펴보면, 초기에는 일반적인

'과학기술 공공관리' 측면에서 시작하여, 점차 성과활용 및 성과평가 등 '연구관리' 측면으로 연구주제가 변화하고 있는 것으로 분석되었으며, 최근에는 융합연구 능에 대한 관심이 확내되고 있어 '기술혁신' 측면으로 연구주제가 확대되어 가고 있는 것으로 분석되었다.

본 연구가 가지는 의의는 첫째, 과학기술정책 연구에 대한 데이터 셋을 구축하고, 다양한 과학계량분석 기법을 통해 수행함으로써, 지금까지 과학기술정책 연구를 개관한 점이다. 두 번째는 주제어를 통한 군집분석 수행을 통해 과학기술정책 연구의 지식구조를 이찬구 외(2016)가 제시한 과학기술정책학의 4대 연구범위 수준에서 재확인한 점이다. 따라서 이찬구 외(2016)가 제시한 4대 연구범위가 규범적이긴 하나 자의적인 과학기술정책 연구의 범위구분이 아니라 학문의 특성을 반영하여 경험적으로 도출된 논리적 지식구조임을 확인할 수 있었다.

본 연구에서는 분석대상을 기술혁신연구, 기술혁신학회지로 제한하였다. 두 학회지 모두 과학기술정책을 포괄적으로 다루는 대표적인 학술지이다. 그럼에도 본 분석대상에 포함되지 못한 행정학, 정책학, 과학학 관점의 학술지에 수록된 과학기술정책 연구들을 향후 포함하여 분석범위를 확대하고 근거자료를 확대하여 분석하면 더욱 유용한 결과를 도출할 수 있을 것으로 판단된다.

참고문헌

과학기술정보통신부 (2017), "과학기술기본법".

과학기술정책연구원 (2017), 「과학기술정책연구원 30년사」.

권진영·이우형·김미현·이석준 (2010), "동시 단어 분석(Co-word Analysis)을 이용한 EA (Enterprise Architecture) 연구동향 분석", 「정보화연구」, 7(1): 31-47.

고재창·조근태·조윤호 (2013), "키워드 네트워크 분석을 통해 살펴본 기술경영의 최근 연구동향", 「지능정보연구」, 19(2): 101-123.

김선영·이병헌 (2017), "텍스트 분석을 통한 '기술혁신연구'의 네트워크 구조 분석", 과학기술정책연구원 (편), 「한국 기술혁신연구의 현황과 과제」, 56-82.

김영배·하성욱 (2000), "우리나라 벤처기업의 성장단계에 대한 실증조사 : 핵심성공요인, 환경특성, 최고경영자 역할과 외부자원 활용", 「기술혁신학회지」, 8(1): 220-221.

김은미 (2017), "과학계량분석(scientometrics)을 활용한 과학기술 정책연구의 실증 분석", 한국기술혁신학회, 「2017년도 추계 학술대회 논문집」.

김찬호·고창룡·설성수 (2012), 기술사업화 실패 사례연구, 「기술혁신학회지」, 15(1): 203-223.

남수현·박정민·설성수 (2005), "지식흐름의 계량분석 : 한국의 기술혁신연구를 중심으로", 「기술혁신학회지」, 8(특별호): 337-359.

노풍두·조용곤·조근태 (2011), "조직의 창의성 수준 평가 모델 개발", 「기술혁신학회지」, 14(1): 109-138.

박웅·박호영 (2014), "기술사업화의 비즈니스 생태계 모형에 관한 연구: 공공 연구개발성과 사업화에의 적용을 중심으로", 「기술혁신학회지」, 17(4): 786-819.

박한우·Loet Leydesdorff (2004), "한국어의 내용분석을 위한 KrKwic 프로그램의 이해와 적용", *Journal of the Korean Data Analysis Society*, 6(5): 1377-1387.

설성수·박정민 (2003), "기술혁신연구의 동향 : 기술혁신학회지 게재논문을 중심으로", 한국기술혁신학회, 「2003년도 춘계 학술대회 논문집」, 253-262.

성지은·송위진 (2007), "총체적 혁신정책의 이론과 적용 : 핀란드와 한국의 사례", 「기술혁신학회지」, 10(3): 555-579.

성태경 (2002), "기업의 기술혁신 활동 결정요인 : 자원기반 관점에서 본 탐색적 연구", 「기술혁신학회지」, 15(1): 203-223.

송민선·고영만 (2015), "국내 한국학 분야의 연구 영역 식별을 위한 거시적 지식구조 분석 연구", 「정보관리학회지」, 32(3): 221-236.

송종국·김혁준 (2009), "R&D 투자 촉진을 위한 재정지원정책의 효과분석", 「기술혁신연구」, 17(1): 1-48.

이병헌·송민근·김남수·임재성·한재희 (2017), "기술혁신연구를 통해 본 한국 기술혁신연구의 특성", 과학기술정책연구원 (편), 「한국 기술혁신연구의 현황과 과제」, 16-46.

이선우 (2016), "인사행정 60년 연구분석 : 정권 및 중앙인사관장기구의 변화에 따른 연구경향 분석", 「한국인사행정학회보」, 15(4): 1-29.

이수상 (2013), 「네트워크 분석 방법론」, 서울: 논형.

이유진·양위주 (2016), "네트워크 분석방법을 활용한 관광연구의 연구동향 분석", 「대한관광경영학회」, 31(4): 363-383

이주연·한승환·권기석 (2015), "키워드 네트워크 분석을 통해 살펴본 최근 10년 법학연구 동향", 「아주법학」, 8(4): 519-539.

이찬구·김은미·오현정 (2016), "과학기술정책학의 정의와 연구범위에 관한 시론", 이찬구 엮음, 「과학기술정책연구: 총서 01」, 대전: 충남대학교 출판문화원.

이찬구·김은미·오현정 (2017), "연구대상(locus)과 연구분야(focus) 설정을 통한 과학기술정책학의 패러다임 정립", 한국기술혁신학회, 「2017년도 추계 학술대회 논문집」.

정대현·권오영·정용남 (2017), "지역 대학의 역할과 지식 네트워크 특징에 대한 연구 : 3개 지역 비교를 중심으로", 「기술혁신학회지」, 20(2): 487-517.

정승환·호예담·송영수 (2014), "핵심어 네트워크 분석(network analysis)을 통한 국내 HRD 연구 동향 탐색", 「HRD연구」, 16(3): 1-33.

정우성·양현재 (2013), "과학계량학 연구동향 및 과학기술 정책 분야 응용가능성", *ISSUE PAPER*, 한국과학기술기획평가원, 2013-06.

최영출·박수정 (2011). "한국행정학의 연구경향 분석 : 네트워크 텍스트 분석방법의 적용", 「한국행정학보」, 45(1): 123-139.

최창현 (2006), "조직의 비공식 연결망에 관한 연구", 「한국사회와 행정연구」, 17(1): 1-23.

한국연구재단 (2016), "학술연구분야분류표"

한장협·이문영·정진희·김채복 (2014), "네트워크 분석을 통한 국내외 생산운영관리 분야의 연구동향 분석", 「대한경한경영학회 2014년도 춘계학술발표대회 발표논문집」, 25: 413-425.

홍장표·김은영 (2009), "한국 제조업의 산업별 기술혁신패턴 분석", 「기술혁신연구」, 17(2): 25-54.

홍형득 (2015). "최근 한국 정책학 연구의 경향과 특징의 네트워크 분석 : 10년(2003-2012)간 정책학회보 게재논문을 중심으로". 「한국정책학회보」, 24(1): 27-51.

홍형득(2016), 「과학기술정책론 : 거버넌스적 이해」, 서울: 대영문화사

Borgatti, S, P., Everett, M. G., and Johnson. J. C. (2013), *Analysis Social Networks,* Thousand Oaks, California: Sage Publications INC.

Choi, J. H.,   H. S. Kim, and N. G. Im. (2011), *"Keyword Network Analysis for Technology Forecasting", Journal of Intelligence and Information Systems,* 17(4): 227-240.

Eck , N. J. and Waltman, L. (2010), "Software Survey: VOSviewer, A Computer Program for Bibliometric Mapping", *Scientometrics,* 84(2): 523-538.

European Commission (2001), *Innovation Tomorrow.*

Freeman, L. C. (1979), "Centrality in Social Networks Conceptual Clarification", *Social Networks,* 1(3): 215-239.

Hess, D. J. (1997). *Science Studies: an advanced introduction,* NYU Press.

Martin, B. R, Nightingale, P. and Yegros-Yegros, A. (2012), "Science and technology studies: Exploring the knowledge base", *Research Policy,* 41(7): 1,182-1,204.

Martin, B. R. (2012), "The evolution of science policy and innovation studies", *Research Policy,* 41(7): 1219-1239.

NodeXL Korea. (2015), 「노드엑셀따라잡기」, 서울: 패러다임북.

OECD (2015), *Innovation Policies for Inclusive Growth,* Paris: OECD Publishing.

OECD (2016), *The Governance of Inclusive Growth,* Paris: OECD Publishing.

Pilkingtona, A. and Teichertb, T. (2006), "Management of Technology : Themes, Concepts and Relationships", *Technovation,* 26(3): 288-299.

Qin, H. (1999), "Knowledge Discovery Through Co-word Analysis," *Library Trends,* 48(1): 133-159.

Shen, Y. C., S. H. Chang, G. T. R. Lin, and H. C. Yu, (2009), "A Hybrid Selection Model for Emerging Technology", *Technological Forecasting and Social Change,* 77(1): 151-166.

3

과학기술정책 연구와 사회, 정부

: 과학기술의 사회이슈, 정부정책, 학술연구의 공진화 분석

권기석 정서화 이찬구

이 논문은 「기술혁신학회지」 21(1)(2018.3)에 게재된 내용입니다.

국문요약

이 연구의 목적은 우리나라에서 과학기술정책 연구가 본격적으로 등장한 이래 과학기술을 둘러싼 사회이슈, 학술연구, 과학기술정책이 어떻게 상호작용해 왔는지 탐색하는 데에 있다. 과학기술정책 연구가 시대적 수요를 얼마나 수용해 왔는지, 문제해결을 위해 얼마나 적절하게 대응해 왔는지 분석하였다. 이를 위해 크게 사회이슈, 학술연구, 그리고 과학기술정책의 텍스트에 대한 네트워크분석과 군집분석을 실시하였다. 먼저, 과거 20년 동안 과학기술 관련 언론 기사를 중심으로 사회이슈를 분석하였다. 다음으로, 과학기술정책 연구논문과 정부문서를 각각 분석해 봄으로써 사회문제로 제기된 과학기술 관련 정책수요들이 연구를 통해 정부정책으로 이어졌는지 분석하였다. 분석 결과, 과학기술정책 연구는 통합적인 시각보다는 주로 급변하는 기술혁신에 발 빠르게 움직이는 단편적 연구가 많다고 할 수 있다. 그러나 다음 시기에서는 연구주제의 성숙도를 높이면서, 사회적 반응성을 높이는 공진화 경향을 보여 주었다. 이러한 과정에서 삼자간 시차 현상 또한 확인할 수 있었다. 향후 과학기술정책 연구는 기존의 미시수준의 연구에서 중범위와 거시수준으로 확장되어야 할 것이다. 특히 과학기술의 정책과정과 공공 관리에 관심을 가져야하며, 사회적 이슈에 대한 민감성을 높이는 정책의제 설정 등에 대한 연구가 필요하다는 시사점을 도출하였다.

I. 서론

이 연구에서는 우리나라에서 과학기술정책 연구가 본격적으로 등장한 이래 과학기술정책 연구가 과학기술의 사회이슈, 정부정책과 어떻게 상호작용해 왔는지 탐색하고자 한다. 즉, 과학기술정책 연구가 시대적 수요를 얼마나 수용해 왔는지, 문제해결을 위해 얼마나 적절하게 대응해 왔는지를 분석하는 것이다. 특히 장기간에 걸친 과학기술의 사회이슈, 학술연구, 관련 정책의 상호관계에서 나타나는 다양한 행위자 간 공진화 과정을 파악하는 작업은 과학기술정책 연구뿐만 아니라 학문공동체, 국가, 그리고 사회의 상호작용 탐구에도 새로운 시사점을 제공할 것이다.

정부, 사회, 그리고 학문은 어떻게 상호작용하는가? 이에 답하기 전에 이들이 어떻게 생성되었는지 살펴볼 필요가 있다. 정부 또는 국가와 사회와의 관계는 현대정치학의 오랜 연구주제이다(이정식 외, 1993). 정치사적으로는 서구와 동양에서 하나의 세습군주가 절대 권력을 소유하는 왕정은 근대를 거쳐 다수의 국민이 지배하는 공화정으로 보편화되었다. 국민의 지배 또는 국가권력으로부터의 보호를 위한 장치로서 입법, 사법, 행정부의 권력이 분할되는 견제와 균형의 원리가 도입되었다. 10) 이러한 정치영역에서의 분화를 넘어서, 현대사회는 이보다 더 넓은 의미에서 고유한 원리에 기반을 둔 다양한 영역을 발전시켰다고 할 수 있는데, 국가, 시장, 시민사회, 과학 등이 그것이다.

Habermas(1973)는 경제, 정치, 사회문화 세 하위 체제로 구성된 현대 자본주의체제는 각 하위 체제가 고유한 기능을 조화롭게 잘 수행하는가가 전체 체제의 안정적 유지에 중요하다고 지적한 바 있다. Schumpeter(1964)는 사회 내 하위체제 사이의 상호작용이나 진화적 동학을 더욱 강조하였다. Leydesdorff(2011)에 따르면, 근대 이후 정부와 시장은 규제(regulation)와 부의 창출(wealth creation)을 그 근본적인 기능으로 발전시켜 왔으며, 최근 지식기반사회(knowledge-based economy)의 등장으로 학문사회(academic community)의 지식 생산이 또 다른 하위체제로 등장하였다. 이러한 각 영역의 상호작용은 사회발전의 원동력으로 기능하게 된다. 특히 국가영역과 시장영역의 수요를 반영한 지식생산이 혁신의 중요한 원천이 된다.

한편 최근 기술혁신분야 연구에서도 대학, 기업, 정부, 시민사회 사이의 공진화(co-evolution)에 초점을 맞추는 사중나선(quadruple helix)이론이 주장하는 바와 같이, 사회체제 내 다양한 행위자 간 상호작용에 따른 혁신이 중요한 요인이라 할 수 있다(Cavallini et al., 2016). 또한 과학 기술이 점차 사회적 지식 및 의미와 상호작용하는 것에 주목하는 사회혁신(social innovation)의 관점에서 모드 2의 지식생산, 개방형 혁신(open

---

10) 이는 대한민국의 헌법 제40조, 제66조 4항, 제101조에도 명문화 되어 있다.

innovation), 사용자 주도 혁신(user-driven innovation) 등의 이론이 등장하고 있다.

과학기술정책 연구, 사회이슈, 정부정책 사이의 상호작용을 탐구하고자 하는 본 연구는 크게 세 부분으로 진행되는데, 첫 번째는 과학기술분야의 정책수요 측면으로서 과거 20년 동안 과학 기술 관련 언론 기사의 주요 키워드를 도출하여 관련된 시대별 사회이슈를 살펴본다. 다음으로 과학기술정책 분야 학술연구의 변화를 확인하고자 이를 대표하는 〈한국기술혁신학회〉와 〈기술경영경제학회〉 발간 학술논문의 국문초록을 분석한다. 아울러 학술연구에서 사회이슈가 얼마나 반영되고 있는지에 대해 검토한다. 세 번째로 사회문제로 제기된 과학기술 관련 사회이슈가 실제로 얼마나 정책결정으로 이어졌는지 분석한다. 이를 위해 정책목표가 제시되어 있는 과학 기술 전담부처의 업무보고 및 주요 계획들의 주제어를 분석함으로써 정책결정 및 집행에 반영된 과학기술정책의 특성을 파악하고자 한다.

II. 문헌검토 :
사회, 정부, 학술연구의 관계

학술연구가 정책이나 사회이슈와 어떻게 상호작용하는가에 대한 지금까지의 연구는 크게 두 가지 관점에서 정리해 볼 수 있다. 먼저 정책에 보다 주목하는 정책학적 관점과, 지식의 생산에서 초점을 맞추는 혁신이론 관점을 제시해 볼 수 있다. 먼저 정책학 관점에서는 정책의 형성과정, 정책 아이디어, 시차이론 등에 대하여 살펴보고자 한다. 다음으로 지식생산에 대한 혁신이론 관점에서는 모드 2, 사중나선, 사회혁신 등에 대하여 정리해 볼 것이다. 또한 방법론적 측면에서 행정학 및 정책학 분야의 연구경향을 분석한 연구들에 대한 검토 결과를 제시하였다. 이를 바탕으로 하여 본 논문의 연구문제를 도출해 보고자 한다.

1. 정책과정에서의 사회이슈, 학술연구, 정책형성

정책학 관점에서 사회이슈 및 학술연구, 정책형성의 상호작용을 설명하는 논의는 다음과 같이 정책의제설정, 정책레짐, 시차이론 등으로 제시해 볼 수 있다.

첫째, 정책학 분야에서는 정책과정의 정책의제설정(policy agenda setting)에서 사회이슈의 정부정책 진입에 대한 방대한 연구가 있다. Cobb과 Elder(1983)는 사회의 수요가 정책문제로 전환될 때 사회문제(social problem), 사회적 쟁점(social issue), 공중의제(public agenda), 정부의제(governmental agenda)의 과정을 거친다고 하였다. 사회문제는 보통 "사회의 영향력 있는 구성원들이 문제의식을 느끼고 있으며, 이것이 해결되어야 한다고 인식하고 있는 경우"라고 정의할 수 있다(권기헌, 2008). 이러한 문제가 갈등의 발생 등으로 대중의 관심을 끌면 사회적 쟁점의 단계로 넘어가게 된다. 사회적 쟁점 중 정부가 개입하여 문제를 해결하는 것이 타당하다고 인정되면 공중의제로 발전하며, 최종적으로 정부가 공중의제의 해결을 공식적으로 의사 결정하면 정부의제가 된다(정정길 외, 2010). 이러한 과정에 있어 관료, 국회의원, 비영리단체, 정당, 일반국민 등 다양한 공식적 비공식적 이해관계자의 개입과 이들의 상대적인 참여 정도, 정치적 환경, 문제의 특성에 따라 단계의 생략이나 역행 등 상이한 과정을 거치며, 경우에 따라 정부의제화에 실패하는 경우도 발생한다. 이 연구에서 제시한 정부, 학술연구자, 언론 내지 일반국민 등도 중요한 정책의제 설정과정의 참여자가 되는 것이다. 관련하여 주로 생명공학이나 나노과학 등 사회적 관심이 높은 과학기술 이슈의 정책의제 설정과정에 대한 몇몇 연구가 있다(이은경, 2007; 송성수, 2005; 김동광, 2002). 그러나 과학기술정책의 연구내용과 사회이슈, 정부정책의 상호관계를 분석한 연구는 찾아보기 어렵다.

둘째, 과학기술정책의 윤곽을 규정짓는 정책레짐(policy regime)과 정책 아이디어(policy idea) 개념에 대하여 검토할 필요가 있다. 김정수(1996)는 정책레짐에 대해 개별적인 정책문제 해결과정에 있어 정책목표와 수단의 결정, 참여자의 도출 등 기본적인 윤곽을 잡는 길잡이 역할을 하는 것으로 정의하고 있으며, 송성수(2002)는 정책레짐을 구성하는 하위 요소로 정책목표, 정책수단, 정책문화를 제시하고, 한국의 과학기술정책의 특징을 설명한 바 있다. 한편 한 국가 내에서 점진적으로 일어나는 정책 변화 양상을 설명하기 위한 중요한 분석변수로 '정책아이디어(policy idea)'가 주목을 받고 있다(하연섭, 2006; Hall, 1993; Blyth, 1997; Lieberman, 2002; Beland, 2005). 제도변화의 내생적 원천으로 행위자의 아이디어 변화에 주목하기 시작한 것이다. 특히 Hall(1993)은 사회 학습이 정책의 아이디어 변화를 일으켜 종국에는 정책 패러다임의 전환으로 이어진다고 주장한다. 사회·정치적 공간에서 시민사회, 학계, 정부 등 주요 행위자 간 아이디어 변화가 행위자의 선호와 상황에 따른 행동이 변함에 따라 제도 변화를 이끌어 간다는 논리이다(Berman, 2001; Blyth, 2002). 이러한 관점은 본 연구가 장기간에 걸친 사회, 학술연구, 정책 아이디어 간 상호작용과 진화를 추적하는 이론적 배경이 된다.

셋째, 시차이론은 사회현상을 발생시키는 주제, 즉 개인, 집난, 조직, 사회 또는 국가의 속성이나 행태가 주체에 따라 시간적 차이를 두고 변화되는 사실을 사회 현상 연구에 적용하는 연구 방법을 의미하며(정정길 외, 2010), 시간 또는 순서라는 요소가 정책과정에서의 성공과 실패를 설명할 수 있다고 보고 있다. 즉 "각 정책단계에서 문제인식, 정의 결정, 집행, 평가에 있어 시차가 발생하는데 이를 고려해 정합성을 확보한다면 정책성공에 도움이 될 것"이란 정책적 시사점을 얻을 수 있다(김태승, 2017: 96). 이러한 접근은 본 연구가 20년이라는 장기간을 대상으로 하고 있기 때문에, 정부, 사회, 학문의 상호작용에 있어 정책내용의 시간적 격차가 발생하는지, 그리고 어떻게 정책의 성공과 실패에 영향을 주는지 파악할 수 있는 틀을 제공해 준다.

2. 혁신 관점의 지식생산과 사회, 정부의 상호작용

유럽에서는 몇몇 학자들이 사회적으로 새로운 학문의 방식, 지식생산 과정이 도래하고 있다고 주장한 바 있다(Gibbons et al., 1994). 이들은 새로운 지식생산의 방식으로 모드 2(mode 2)를 기존의 지식생산 양식인 모드 1(mode 1)과 구별한다. 이 둘은 지식 생산 배경, 학제적 기반, 지식 생산 사회적 조직, 사회적 책임성, 지식의 질에 대한 관리 측면에서 차이가 있다.

첫째, 모드 1이 실용적인 응용과는 거리가 있는 과학자커뮤니티에서 수행된다면, 모드 2는 유용한 지식을 추구하며 특정한 이슈나 문제에 대한 응용의 맥락에서 생산된다. 둘째, 단일 학문적(disciplinary) 기반을 가지고 있는 모드 1에 비해, 모드 2는 학제적 벽을 넘어 여러 이해관계자가 소통하고 융합하여 혁신하는 초학제적(transdisciplinary) 특징이 있다. 셋째, 지식생산 참여 조직에서 모드 1은 대학에, 모드 2는 대학, 연구기관, 정부기관, 기업 등의 연결망에 존재한다. 넷째, 책임성에서 모드 1의 경우, 동료 전문가로부터 평가를 받지만, 모드 2는 사회적 책임성이 더욱 중요하다. 마지막으로, 연구의 질을 평가하는 기준도 모드 1은 전문 분야에의 기여도가, 모드 2는 지적 탁월성 뿐 만 아니라 비용효과성이나 경제적, 사회적 영향이 중요하다.

모드 2가 대학-기업-정부의 네트워킹이나 상호작용을 강조했다면, 이를 더 확장한 모드 3은 학술커뮤니티는 민간과 공공 영역을 넘어서 시민, 문화, 자연과 상호작용할 수 있어야 한다고 강조하고 있다(Carayannis and Campbell, 2012). 비슷한 관점에서 3중 나선(triple helix)에서 4중 나선(quadruple helix)으로의 확장 논의 또한 활발해 지고 있다. 모드 3의 지식생산 방식은 대학, 기업, 정부의 하향적인 정책 및 실천과 더불어 시민사회와 풀뿌리 운동의 상향적 주도권과의 상호작용 및 학습을 강조하고 있다. 유사한 맥락에서 대학(제1나선), 기업(제2나선), 정부(제3나선), 시민사회(제4나선)가 서로 영향을 주고받으면서, 사회적으로 책임성 있는 정책을 산출한다는 접근방법이 제안되었다. 이러한 의사결정을 통해 혁신이 민주적인 접근(democratic approach to innovation)을 기반으로 진화해간다는 것이 모드 3과 4중 나선(quadruple helix) 논의가 갖는 특징이다.

한편 다양한 행위자들의 상호작용의 확대는 과학기술의 사회적 수용성을 높이는 측면이 강조되면서 자연스레 사회혁신 논의로 이어졌다. 사회혁신은 넓게는 사회적 가치를 추구하는 일련의 혁신 과정을 통칭하며 좁게는 사회문제를 해결하기 위한 다양한 방법론을 뜻하기도 한다. 11) 하지만 공통적으로 기존의 행위자뿐 아니라 시민사회가 적극적으로 참여해 새로운 아이디어와 방식을 '함께 만들어 나가는 과정(co-creation)'에 집중한다 (Voorberg et al., 2015). 정부, 기업, 시민사회 등 다양한 행위자간 지식의 상호작용이 참신한 아이디어를 낳으며 사회문제의 결정적 돌파구를 마련한 다고 보기 때문이다. 혁신의 흐름이 점차 사회적 적시성을 고려하면서 좀 더 적극적이고 실천적인 사회문제 해결을 위한 논의로 이어지고 있는 것이다.

3. 행정학 및 정책학 분야 학술동향 분석에 대한 기존연구 12)

행정학 및 정책학 분야의 지식생산의 구조와 그 특징 등을 밝히려는 다양한 학술적 시도가 있었다. 예를 들면, 행정학 분야의 공동논문저술에 대한 분석으로 연구협업의 구조를 밝히거나(최영훈·이강춘, 2009), 행정학 분야의 연구경향을 파악하기 위해 논문의 연구방법론이나 주제어 등을 분석하는 연구들이 있다(허만형, 2009; 최영출·박수정, 2011). 또한 행정학의 연구영역, 연구주제, 연구방법을 분류하여 연구의 동향이나 추이를 분석하는 데에 초점을 맞춘 연구들도 있었다(정용덕, 2010; 이우권 , 2008; 박순

---

11) 후자의 경우 시민참여를 통한 여러 방법론적인 접근을 강조하기 위해 사회혁신보다 사회적 혁신이라는 표현을 더 선호하기도 한다.

12) 행정학과 정책학 분야의 연구경향 분석에 대한 문헌검토는 권기석 외(2012)가 2012년 하계 한국정책학회에서 발표된 내용을 수정하고 보완한 것이다.

애, 2007; 조흥순·전상훈, 2011; 이민창·최성락, 2013; 김건위 외, 2015). 이러한 연구들은 주로 빈도수 등 서술적인 통계를 기반으로 행정학 지식생산구조를 탐색하였다고 할 수 있으며 보다 심층적인 구조의 탐색에는 한계를 가진다.

한편 최근 10여 년부터 행정학 분야에 사회네트워크분석 방법론을 도입되면서 다양한 분야에 적용되고 있다(박치성, 2010; 이창길, 2010). 사회네트워크분석 방법론을 공저현상에 적용하면 지식생산 주체간의 네트워크(예를 들면, 기관 간 협력네트워크)는 물론 지식생산 주체의 속성 간 어떤 관련성을 가지는지(예를 들면, 연구 분야간 네트워크) 파악할 수 있다. 특히 비공식적인 보이지 않는 대학(invisible college)의 구조를 파악할 수 있게 해주면 이를 통해 학자들 사이의 사회적 관계와 학술적 영향관계를 파악할 수 있다.

행정학 이외의 분야에서는 사회네트워크분석 방법론을 학문의 생산구조의 분석에 폭넓게 활용해 왔으며 이는 최근의 일이다. 학술지 논문의 공저네트워크 분석은 Kretschmer(1994, 1997)에 의해서 수행된 것이 효시라고할 수 있다. 네트워크과학에서 Barabasi et al.(2002)은 공저네트워크가 저자간 거리가 멀지않은 '좁은 세상의 구조'를 가지는 것을 밝혔다. 한국의 학자사회에 대한 공저네트워크 분석으로 김용학 외(2007)는 자연과학 공저네트워크는 좁은 세상, 사회과학의 경우 결속집단의 특성을 가진다고 하였다.

여러 학문분야별로 다양한 공저네트워크에 대한 국내외 연구가 있다(Wagner and Leydesdorff, 2005; 남수현·설성수, 2007; 강현무 외, 2010; 김태훈, 2010; 이수상, 2010). 이들은 공저네트 워크를 통해 학술동향을 파악하고자 하였으며 행정학 분야만을 살펴보면, 주로 기술통계에

의존하여, 공저자의 지역적 편중, 공저의 대부분이 대학교수간 공저인 것과 여성간 그리고 사제지간 공저가 증가하는 것을 밝혀낸 최영훈·이강춘(2009)의 연구가 대표적이다. 윤석경(2007)은 단순 기술통계가 아닌 인용분석을 통해 행정학 분야 학술지별 인용현황과 상호관계를 파악하였다. 보다 진일보한 방법론으로 텍스트 마이닝과 네트워크 분석을 활용한 최영출·박수정(2010)은 행정학 분야 논문의 주제어 연결망을 분석하여 조직, 행정, 사회, 제도, 구조 등의 단어가 행정학 연구의 중심이 되고 있는 것을 보여주었다. 하선권·김성준(2016)은 주제어 연결망의 시계열 분석을 통해 2003년부터 2015년 동안의 국내 규제 연구 동향분석을 시도하여 규제연구가 주로 정책과 대안 연구에 편향되었음을 지적하고 정부별 규제연구의 차이점을 정리하였다.

한편 최근에는 학술동향 연구에 있어 학술적 생산구조를 넘어 지식의 사회적 상호관계 연구도 존재한다. 박치성·정지원(2013)은 IT 산업정책을 둘러싼 이해관계자들 간에 공유된 의미를 파악하고자 하였다. 서로 다른 가치들 속에서 어떻게 상호이해를 도출할 수 있는가에 대한 문제의식 속에서 텍스트 네트워크 분석을 통해 이해관계자들의 인지지도(cognitive map)를 그려보고자 한 것이다. 최현도(2014)는 과학기술혁신정책의 이슈와 학술연구 간 상호관계를 보고자 더욱 광범위한 데이터를 활용했으며 2008년부터 2011년까지 주요 일간지와 학술지에 대한 질적 내용분석을 수행하였다. 이를 통해 과학기술혁신정책 이슈가 학술영역에서의 이슈로 뒤이어 등장하거나 학술연구들이 과학기술혁신정책의 이슈형성에 직간접적으로 반영되고 있음을 밝혔다.

학술동향 연구는 해당 학문의 지식생산 구조와 특성을 정리하는 것을 목표로 꾸준하게 진행되고 있으며 사회와의 상호관계로까지 그 관심이 확대되고 있음을 알 수 있다. 이와 함께 그 방법론으로는 사회네트워크 분석의 활용도가 높아지고 있는데 이는 사회네트워크 분석이 네트워크가 담고 있는 의미를 구조적이면서도 선명하게 시각화하는 데 탁월하기 때문이다. 즉 사회 네트워크 분석은 사회이슈를 포함한 다양한 영역 간 상호작용 관계나 지식생산 구조를 밝히고 설명하려는 데에 유용한 방법론이라고 할 수 있다.

4. 연구문제의 도출

앞에서의 문헌검토를 통해서, 정책과정에서 학술연구가 사회이슈와, 정부정책과 상호작용하는 것이 사회 발전과 혁신, 지속가능성에 매우 중요한 역할을 하는 것을 알 수 있었다. 특히 과학기술정책은 전문적 지식과 사회적 수용성을 함께 포괄하는 정책 분야로 사회, 정부 부문과의 공진화를 통한 지식생산이 중요하며 나아가 시민사회의 수요를 적극적으로 반영해 나가야할 것이다. 그러나 이러한 문제의식에 대한 경험적 증거나 연구방법론은 매우 미흡한 형편이다.

따라서 본 논문에서는 다음과 같은 연구문제를 제시하고자 한다.

첫째, 우리나라에서 과학기술정책 연구는 정부, 사회 부문과 어떻게 얼마나 상호작용하고 있는가?

둘째, 연구, 정부, 사회 부문과 이들 사이의 관계와 이슈는 무엇이며 부문별, 시차별로 어떠한 차이점과 공통점이 있는가?

III. 연구방법 및 데이터

이 논문은 과학기술 관련 사회이슈와 학술연구, 정책 간 상호작용에 초점을 맞추어 정부정책과 과학기술정책 연구가 사회적 수요에 어떻게 얼마나 반응해 왔는지, 문제해결을 위해 어떤 방식으로 대응해 왔는지를 분석하는 데 목표를 두고 있다. 이를 위해 언론기사, 과학기술정책 분야 학술지, 정부업무 보고문건 등 비정형데이터를 추출하고 숨겨진 관계를 해석하는 텍스트 마이닝 기법을 통해 지난 20여 년간의 과학기술정책을 둘러싼 사회이슈와 학술연구의 흐름을 살펴본다. 특히 텍스트 네트워크 분석을 활용해 과학기술에 대한 이슈인식의 구조 및 시기별 연구변화 등을 공진화 관점에서 분석을 진행하였다.

분석기간은 사회이슈와 학술연구, 정부정책의 흐름과 상호성을 효과적으로 보여주고 이들간 상관관계를 밝힐 수 있도록 최대한 넓게 설정하였다. 그리하여 비교적 언론기사의 데이터 구축이 잘 되어 있는 2000년대부터 현재까지 대략 20년간의 과학기술의 사회이슈와 정부정책, 그리고 관련 학술연구 자체는 물론 이들의 상호작용의 정도를 분석하였다.

먼저 언론기사를 통한 과학기술분야의 정책수요 분석에 있어 기사의 검색어는 '과학기술'로 지정하여 최대한 다양한 주제의 기사가 추출되도록 하였다. 이는 과학기술과 관련된 기사 중 과학기술을 통해 해결하고자 하는 사회문제를 넓게 보고자 함이다. 실제로 수집된 기사는 미세 먼지나 탈원전, 인공지능 등 과학기술과 직결되는 기사도 있지만 비정규직, 노동시간 축소 등 국민의 삶의 질을 저해하는 요소와 과학기술이라는 검색어가 연계된 기사도 상당 수 존재했다.

이때 사회이슈를 반영하는 기사의 대표성을 고려하여 선정한 언론사는 조선일보와 한겨레이다. 또한 칼럼과 논설과 같은 주관적 기사도 배제하지 않고 포함시켜 과학기술에 대한 국민의 수요를 최대한 포함시키고자 하였다. 기사수집 기간이 긴 까닭에 균형 있는 기사 수집을 위해 분석 기간을 크게 세 시기로 나누되 3개년씩 수집을 실시하였다. '과학기술'로 검색되는 기사는 상당하지만 각 시기별 기사 수 균형을 맞추기 위해 각 언론사당 연도별 1,000여건으로 비중을 조정하여 총 12,885건의 기사를 분석하는 데 활용하였다. 한겨레는 정보수집 정책상 2005년부터 수집이 가능하였기에 이를 보완하고자 조선일보의 기사 수를 조정해 수집된 데이터의 신뢰성과 타당성을 확보하고자 하였다. 우선 시기별 수집 량의 균형을 맞추기 위해 부득이하게 조선일보 기사 량을 늘렸다. 두 번째로 1시기 조선일보 기사의 구체적 내용보다는 전체적인 이슈에 초점을 맞추고자 주로 제목을 중심으로 수집해 어느 정도 시기 내 편향성을 보완하고자 노력하였다.

다음으로 과학기술정책 연구 분석을 위해 과학기술정책 분야의 대표적인 학회지로 기술혁신학회지와 기술혁신연구를 선정하였다. 2000년부터 2016년까지 발간된 학술논문 각각 595건, 413건으로 총 1,008건의 학술논문을 수집하였다. 또 논문 제목이나 논문 키워드보다 더 상세한 텍스트를 얻기 위해 국문초록을 수집해 분석하였다.

마지막으로 과학기술정책 의제분석은 각 시대별 과학기술 전담부처의 업무보고 자료들을 중심으로 이루어진다. 이를 통해 사회문제로 제기된 과학기술 관련 정책수요들이 연구를 통해 실제적으로 정책결정으로 이어졌는지 분석한다. 과학기술 업무보고는 2000년부터 2017년까지 총 18건이다. 업무보고는 전체 텍스트를 대상으로 분석을 실시하여 시기별 과학기술정책의 정책설계 방안을 상세하게 살펴보고자 하였다. 과학기술정책 전담부처는 현재 과학기술정보통신부를 대상으로 삼았다. 해당부처는 여러 정권을 거치며 과학기술부, 교육과학기술부, 미래창조과학부를 거쳐 현재는 과학기술정보통신부로 그 업무의 성격과 범위가 조금씩 상이하지만 전담 부처라는 것은 이의가 없으므로 단일 분석 대상으로 통일시켰다.

분석방법과 절차는 다음과 같다. 우선, 단순빈도분석을 위하여 텍스트 생산자의 본래 의미를 훼손하지 않는데 주의를 기울여 데이터를 정제(cleaning)하였다. 동사 및 형용사를 제외한 명사를 기준으로 분리하였고, 복합명사는 가능한 한 분리하지 않았다. 13) 분석의 시기적 구분은 사회·정치·경제적 맥락에 대한 연구자의 주관을 배제하고 최대한 객관성을 확보하기 위해 6개년씩 동일한 년도로 구분 지어 총 세 시기, 즉 ① 2000년-2005년, ② 2006년-2011년, ③ 2012년-2017년으로 구성하였다. 텍스트에 내재된 의미구조를 분석하기 위해 유형화된 단어들의 묶음을 하나의 text파일에 취합한 후, KrKwic에서 획득한 단어-단어 동시출현행렬을 통해 NodeXL을 이용하여 연결중심성(degree centrality)을 도출하였다. 14) 또한 시대구분으로 유형화된 단어묶음의 의미를 파악하기 위하여 군집(cluster)분석을 실시하였다.

---

13) 예를 들면, '과학기술체제', '첨단기술' 등이 있다.

14) 연구대상이 되는 텍스트를 분석하여 자료화하고 유형화하기 위하여 네덜란드 암스테르담 대학교의 Loet Leydesdorff 교수가 개발한 Full Text 소프트웨어를 한국어 분석을 위해 변형한 KrKwic(Korean Key Words In Context)을 사용하였다. NodeXL은 사회연결망 분석을 위하여 개발된 엑셀 기반의 오픈소스 소프트웨어로 단어들 간의 관계를 나타내는 값에 따라 네트워크를 시각화해준다. 시각화 기능이 뛰어나고 엑셀기반의 오픈소스인 까닭에 사용이 편리한 장점으로 네트워크 분석 분야에서 사용이 점차 늘고 있다.

한편 클러스터분석 알고리즘은 집단 분류 방법의 하나로 Newman과 Girvan의 식을 이용하였다. 이들이 개발한 modularity Q는 부하를 이용하는 것으로 주어진 네트워크에서 링크 부하를 계산하여 modularity가 최고가 될 때의 네트워크 구조를 집단구조로 선택한다. modularity Q는 집단

<표 21> 분석대상의 시기별 수집량

시기	연도	언론분석		학술연구		정부정책
		조선일보	한겨레	기술혁신 학회지	기술혁신 연구	과학기술전담부처 각년도 업무보고
1시기	2000	54	0	28	17	1
	2001	1,028	0	24	16	1
	2002	1,044	0	34	19	1
	2003	199	0	27	22	1
	2004	394	0	30	34	1
	2005	407	893	53	34	1
	소계(b)	3,126	893	196	142	6
2시기	2006	283	343	39	29	1
	2007	373	295	34	19	1
	2008	520	521	27	19	1
	2009	336	308	35	16	1
	2010	463	289	37	19	1
	2011	433	349	45	21	1
	소계(c)	2,408	2,105	217	123	11
3시기	2012	430	289	39	27	1
	2013	410	381	49	31	1
	2014	341	325	34	36	1
	2015	281	345	28	33	1
	2016	405	319	32	21	1
	2017	405	422	–	–	1
	소계(d)	2,272	2,081	182	148	6
총계		7,806	5,079	413	595	18
		12,885		1,008		

구조 내부에서는 노드들이 서로 조밀하게 연결되어 링크의 밀도가 높은 반면, 집단 간에는 연결이 드물기 때문에 집단 간을 연결하는 링크에 걸리는 부하가 크다는 논리이다(Newman and Girvan, 2004). 이를 통해서 텍스트들의 시기별 세부 군집화를 알아볼 수 있다. 이제까지의 논의를 종합하여 분석대상의 시기별 자료수집량을 제시하면 〈표 21〉과 같다.

IV. 분석결과 :
학술연구, 사회이슈, 정부정책의 공진화

과학기술을 중심으로 사회이슈와 학술연구 및 정부정책 간 상호작용을 실증하기 위해 시기별로 주제어의 군집과 그 내용을 비교하여 삼자 간의 차이를 보고자 하였다. 군집분석을 위해 우선 데이터를 명사 형태로 전환하여 빈도분석과 연결중심성 등의 기초분석을 실시하였다. 이를 기반으로 군집분석을 실시하였으며 이 장은 시기별 주제어 군집을 중심으로 서술하고자 한다.

이 분석은 기본적으로 긴밀한 주제어로 이루어진 군집의 의미집단을 해당 시기별, 각 영역별 주된 인식의 구조 또는 인식, '프레임(frame)'이라고 명명하고 이들 간 상호작용 정도를 군집의 우선순위 비교를 통해 유추한다. 상호작용의 정도가 높으면 동시대에 비슷한 이슈가 등장할 것이라고 가정하였다. 첫째로 영역 간 상호작용의 정도를 보기 위해 주제어 군집을 분석한다.

동 시기에 특정 군집이 동일한 우선순위에 있다면 이것은 사회이슈, 학술연구, 그리고 정부정책간 과학기술에 대한 프레임이 매우 유사하다고 보았다. 반면에 어느 영역에서도 주제어의 주요 군집의 우선순위가 비슷하지 않다면 과학기술에 대한 프레임이 영역마다 매우 상이하다고 볼 수 있으며 이는 이들 간 상호작용이 거의 이뤄지지 않고 있다고 해석하였다. 둘째로, 학술연구과 정부정책의 사회적 적시성을 확인하기 위해 주제어 군집들 사이에 시차가 발생하고 있는지에 대해 검토한다. 이를 통해 학술연구가 사회적 요구에 얼마나 민감하게 반응하였고 정부정책의 흐름에 어떻게 대응해 왔는지 살펴보았다.

1. 시기별 텍스트 네트워크 군집분석

1) 제1시기(2000년-2005년)

이 시기의 과학기술 관련 사회이슈 주제어는 〈표 22〉에 제시한 바와 같이 크게 성장동력과 국가혁신체제, 과학윤리, ICT, 젠더 등의 이슈가 군집화 되었다. 우선 정부가 신성장 동력을 화두로 한 국가연구개발에 초점을 두기 시작하면서 우주, IT, 생명공학 등의 분야에 관한 사회적 관심이 높아졌음을 의미하는 군집이 우선적으로 등장하였다. 또한 연구개발에 관한 관심이 지속적으로 늘어남에 따라 이공계 인력 양상과 물리 및 수학 교육 강화에 대한 요구도 지속적으로 다루어지고 있다. 다음으로 이른바 황우석 사태로 비롯된 과학윤리 논의는 노벨상, 줄기세포, 난자와 같은 생명공학과 관련된 주제어와 더불어 생명윤리와 임신중단 등 젠더관련 군집이 눈에 띄게 출현한 계기가 되었다.

이 시기의 과학기술정책 연구는 공공기술 사업화, ICT 산업, 혁신클러스터, 조직역량 등의 주제어 군집이 주요 프레임인 것으로 나타났다. 이에 따라 정보통신을 둘러싼 "클러스터", "벤처기업", "네트워크", "디지털", "모바일" 등의 주제어와 "공공연구기관", "기술이전", "중소기업", "연구개발투자", "기술상용화" 등의 주제어가 등장하였다. 특히 구체적인 분석을 위한 연구방법론이 주제어로 출현하고 있는 것도 확인할 수 있다.

마지막으로 이 시기 과학기술정책의 군집 프레임을 살펴보면, 과학기술

<표 22> 제1시기 영역별 군집 프레임(2000년-2005년)

군집	사회이슈	학술연구	정부정책
1	성장동력과 NIS	공공기술 사업화	과학기술인력
	정부/대학/산업/기업/국민/ 과학기술부/이공계/나노/ 로봇/IT산업/벤처/반도체	연구개발투자/민간/공공연구 개발투자/공급/자동차/환경/ 원자력/로열티/기술이전/ 상업화/정부출연연구기관	인력양성/이공계/나노기술/ 인프라/국가경쟁력/인재육성/ 기초과학/과학교육/창의적/ 기초연구
2	과학윤리	ICT 산업	출연중심 연구개발
	줄기세포/황우석/서울대/ 생명/연구원/검증/논란/인간/ 배아/난자	네트워크/소비자/인터넷/TV/ 진화/예측/전자/고객/디지털/ 융합방송서비스/홈네트워크/ 위성DMB/통신/생산/생산성/ 기술상용화/정보통신산업/ 정보통신기술/중소기업/농업	대덕연구개발특구/과학기술인력/ 연구인력/벤처기업/산학연/ 정부출연연구기관/공동연구/ 실용화/지역균형발전/범부처
3	ICT	혁신클러스터	국가혁신체제
	정보통신부/서비스/국회/ 장관/이동전화/감청/인터넷/ 요금/한나라당	클러스터/경쟁/미국/TQM/ 혁신클러스터/하이테크/ 대학/BSRC/지역혁신/공공 연구기관/싱가포르/기술추격	국가연구개발사업/과학기술 혁신본부/제도개선/과학기술 기본법/국가과학기술심의회/ 반도체/고부가가치
4	젠더이슈	조직역량	과학기술 인프라설계
	교육/여성/임신/낙태/태아/ 수술	회사/조직/비즈니스/벤처/ 기업성과/기술역량/기업가정신/ DFC/PDA/리더십/기업가정신/ 특허/마케팅	장비/원자력/원자로/공동활용/ 안정성/과학기술기본계획/ 방사선

주 : 군집 프레임은 클러스터 크기 순으로, 해당 주제어는 연결중심성 순으로 나열되었음

인력, 출연연 중심의 연구개발, 국가혁신체제, 과학기술 인프라 설계 등이 주를 이루고 있는 것을 볼 수 있다. 특히 정부출연연구기관을 중심으로 연구개발사업을 운영함에 따라 자연스레 대덕 연구개발특구를 중심으로 하드웨어적인 인프라뿐 아니라 과학기술인력이 밀집되었음을 알 수 있다.

2) 제2시기(2006년-2011년)

이 시기의 과학기술 관련 사회이슈는 앞 시기에 비해 이동전화에 관한 주제어가 눈에 띄게 증가한 것을 볼 수 있다. 2000년대 후반 스마트폰 등장에 따른 사회 관심의 폭발적인 증가는 연구개발의 흐름을 콘텐츠 등 소프트웨어 중심으로 그 관심을 옮기는 역할을 한 것이다. 모바일과 구글 및 스마트폰으로 대변되는 사회이슈는 정보통신 관련 연구개발에 집중되어 나타나고 있다. 이에 따라 콘텐츠, 게임, 서비스 등 ICT산업 전반의 주제어들이 상위에 랭크되면서 관련 논의들이 군집화 되고 있음을 알 수 있다. 이에 따라 ICT 관련 산업에 대한 논의는 대선 등의 선거이슈와 직결되었다.

과학기술정책 연구는 "기술이전", "기술협력", "산학연", "IT", "데이터" 등 여전히 공공기술 사업화와 ICT 산업에 관한 연구가 가장 중요하게 다루어졌다. 그러나 학술적, 방법론적 변화가 일어났는데 "네트워크", "기술가치평가", "메타평가"와 같은 주제어가 나타난 것으로 보아, R&D 평가에 관한 방법론적 논의가 활발해졌음을 알 수 있다. 또한 "특허", "기술료" 등의 주제어가 주로 출현하면서 국가 R&D사업의 성과 이전에 따른 지식재산권 논의도 활발하다. 즉 공공기술 사업화에 따른 연구생산성 및 지식재산권이나 이를 측정하기 위한 분석 방법론에 치중하였다.

한편 이 시기는 이른바 '녹색성장정책'으로 요약되는데, 친환경, 지속가능한 과학기술에 관한 관심이 높았다. 이에 따라 "녹색성장", "원자력" "나노기술" 등의 친환경과학기술혁신과 그에 따른 응용기술과 관련된 군집이 형성되고 있음을 알 수 있다. 또한 2008년 이명박 정부가 늘어서면서 과학기술정책 전담부처인 과학기술부가 교육과학기술부로 개편되던 시기를 포

〈표 23〉 제2시기 영역별 군집 프레임(2006년-2011년)

군집	사회이슈	학술연구	정부정책
	교육시스템과 혁신	공공기술 사업화	친환경 과학기술혁신
1	교육/기술/개발/평가/환경/돈/ 글로벌/등록금/일본/로봇/ 인간/영국/독일/바이오/ 이공계/수학/고교	역량/한국/대학/기술이전/ 지역/기술협력/산학연/연구 인력/실증분석/ 기술사업화	녹색성장/인프라/원천기술/ 나노기술/생명공학/연구비관리/ 핵심기술/핵융합/우주/ 원자력/공동연구
	ICT	ICT 산업	기술실용화와 인력양성연계
2	정보/모바일/앱/운영체제/ 컴퓨터/대전/언론/휴대전화/ 유통/구글/안드로이드	IT/효율성/데이터/제조업/ 대기업/생산성/경쟁력/DIT/ ITL/오픈/중간재	인력양성/연구성과/연구개발 투자/기술사업화/연구개발 사업/과학기술문화/범부처/ 연구개발서비스업/이공계/ 일자리창출
	선거 이슈	신재생에너지	교육시스템혁신
3	시장/대통령/선거/국회/ 서울대/한나라당/청와대/ 서울시장/박원순/박근혜	환경/예측/에너지/시나리오/ 상용화/융복합/RFID/로열티/ 신재생에너지/온실가스	대학/교육과정/특성화/내실화/ 창의적/전문대학/체험/지자체/ 과학영재
	우주과학	R&D 평가	-
4	지구/우주/위성/북한/우주인/	평가/네트워크/프로젝트/ 예산/기술거래/국방R&D사업/ 연구기관/기술가치평가/ 메타평가/TRL	-
	-	국가R&D사업과 지식재산권	-
5	-	특허/연구개발사업/ 지식재산권/기술료/ 주가수익률/국제표준	-

주 : 군집 프레임은 클러스터 크기 순으로, 해당 주제어는 연결중심성 순으로 나열되었음

함하고 있다. 이에 따라 초중고 및 대학의 교육과 연계된 방식으로 과학기술정책 전반의 정책설계가 이루어졌다. "대학", "교육과정", "창의적" 등의 교육 관련 주제어가 출현하며 전체적으로 교육과 관련된 주제어의 빈출 정도가 높게 나오는 것이 특징이다. 이를 통해 이 시기 과학기술정책은 교육 관련 정책이 상대적으로 중요하게 인식되고 있었음을 유추해 볼 수 있다.

3) 제3시기(2012년-2017년)

이 시기는 "빅데이터", "클라우드", "인공지능", "사물인터넷", "4차 산업혁명", "일자리" 등의 주제어가 주로 출현하면서 첨단 ICT와 경제·사회 전반의 융합에 따른 급격한 변화가 이뤄진 때이다. 이에 따라 이른바 4차 산업혁명에 대비하는 혁신체제로의 전환을 요구하는 목소리가 높았다.

우선 이 시기에 과학기술을 둘러싼 사회이슈는 4차 산업혁명과 인공지능, 알파고 등이 크게 주목을 받았으며 이에 따라 로봇에 대한 관심이 크게 증가하였다. 언론기사에서는 해양환경개선과 해양과학 발전을 위한 수색로봇이나 무인로봇, 로봇기술자 등 다양한 분야에서의 로봇이 소개 되고 있었다. 이외에도 "중소기업", "벤처", "창업", "생태계" 등의 주제어가 군집되어 있으며 대통령을 중심으로 4차 혁명과 관련 정책논의가 자리를 잡고 있다. 다음으로 4차 산업혁명을 둘러싸고 "시스템", "인간", "로봇", "AI", "뇌" 등의 신기술 분야를 나타내는 주제어들이 군집을 형성하고 있다. 이외에도 후쿠시마 사고와 관련된 주제와 더불어 융합교육과 관련된 "교육", "현장", "학생", 등의 주제어가 군집되어 있으며 현장 기반의 인문과학, 융합교육 관련 논의가 자리 잡고 있다.

이 시기의 과학기술정책 연구는 "중소기업", "기술사업화", "특허", "논문", "R&D투자" 등 기업 수준의 지식재산권 관련 연구와 실증분석에 따른 분석방법론 관련 주제어 등이 가장 크게 군집화 되어 있음을 알 수 있다. 또한 전 시기와 날리 벤처, 개방형, 융합 등의 관련 주제어가 싱위에 위치한 것을 볼 수 있다. 이는 추격형 혁신에서 탈추격형 혁신으로의 전환을 추구하는 연구주제로 이와 관련된 클라우드, ICT, 그린카와 같은 ICT 기반의 신산업 분야 주제어도 점차 의미 있게 다루어지고 있다. 이는 신재생에너지 연구를 필두로 사회문제를 해결하는 과학기술에 관한 주제어 중심의 군집으로도 해석할 수 있다.

한편 이 시기는 박근혜 정부가 들어서면서 교육과학기술부에서 미래창조과학부로 부처개편이 이루어진 시기이다. 또한 2010년 초부터 불어온 ICT 발전에 따른 디지털 혁명은 국내 과학 기술계에 큰 영향을 미쳤다. 이에 관련해 과학기술정책도 큰 변화를 불러왔으며 정보통신기술, 소프트웨어, 창조경제, 창업 등의 주제어의 출현빈도가 폭발적으로 증가하는 계기를 불러왔다. ICT 기반의 창조경제 활성화의 흐름뿐 아니라 기후변화, 고령화, 지속가능 성장, 에너지 문제 등 전 세계적으로 나타나는 사회난제의 심각성을 과학기술을 통해 해결하려는 움직임이 있으며 이를 지원하기 위한 정책도 나타나기 시작하였다. 사회문제 해결을 위한 과학기술은 국가연구개발사업뿐 아니라 일자리 창출 및 사회적 가치를 추구하는 기업가 정신과 맞물려 기술을 활용한 다양한 창업 활동지원으로 나타나고 있다.

군집 프레임을 보면 크게 ICT 기반의 사회문제해결, 공공기술 사업화 플랫폼, 창업 생태계, SW/ICT 인프라 구축 등으로 1시기와 비슷하게 국가차원의 혁신체제를 꾸려나가는 것을 알 수 있는데, 다른 것이 있다면 SW/ICT 인프라 구축에 더욱 힘을 쏟았다는 것이다. 우선 가장 큰 군집 프레임은

<표 24> 제3시기 영역별 군집 프레임(2012년-2017년)

군집	사회이슈	학술연구	정부정책
	ICT와 창업	지식재산권	ICT 기반의 일자리 및 사회문제 해결
1	IT/혁신/일자리/의료/글로벌/청와대/규제/R&D/사회적/창업/특허/벤처/산업혁명/대기업/문재인/창조경제/복지/아이디어/중소기업/생태계/비정규직	한국/특허/데이터/미국/글로벌/표준/자동차/특허출원/일본/표준화/연구개발비/기술경쟁력/중국/바이오	ICT/소프트웨어/정보보호/빅데이터/클라우드/인력양성/사물인터넷/범부처/시범사업/사회문제/클러스터/비타민사업/사이버/사회문제해결형/제조업/규제개선
	4차 산업혁명	분석방법론	공공기술 사업화
2	시스템/인간/로봇/영화/컴퓨터/뇌/AI/스마트폰/KAIST/데이터/소프트웨어/구글/인공지능/게임/디지털/모바일/페이스북/범죄/알파고	실증분석/중소기업/설문조사/회귀분석/제조업/R&D투자/재무적/기술협력/프로젝트/다중회귀분석/클러스터/제품혁신/로지스틱/기술혁신조사	기술사업화/중소기업/출연연/중견기업/나노기술/플랫폼/원천기술/에너지/기초연구/생명공학/기초과학/국제과학비즈니스벨트/바이오/창업교육/창조경제타운/융합연구
	융합교육	추격과 탈추격	창업생태계
3	교육/현장/학생/대학/서울대/여성/카이스트/논문/온라인/소통/수학/연세대/예술/디자인/이공계/태아	조직/프로세스/마케팅/개방형/기술기획/추격/사례연구/혁신체제/프레임워크/불확실성/화학/거버넌스/탈추격/소프트웨어/시나리오/아키텍쳐/리더십/반도체/로드맵/기술역량/디자인	창업/창조경제/벤처/일자리창출/엑셀러레이터/기업가정신/연구소기업/창조경제혁신센터/청년/기술창업/벤처캐피탈/스타트업/무한상상실/기술지주회사/공공기술
	우주과학과 북핵	산학연 협력	SW/ICT 인프라
4	실험/지구/우주/발사/러시아/북한/로켓/미사일/궤도/핵실험/나로호	논문/협력/기술사업화/인력/네트워크/기술이전/대학/연구기관/출연연/벤처기업/산학연/공공연구기관/산학협력	해외진출/콘텐츠/생태계/디지털/공동연구/국제협력
	사회적 위험	사회문제와 융합	-
5	사고/일본/위험/원자력/원전/세월호/후쿠시마/핵발전소/갈등/기후변화	융합/IT/에너지/인프라/융합기술/신재생에너지/사회문제/융합연구/태양광/핵융합/기술파급도/산업융합/인문사회-과학기술	-

주 : 군집 프레임은 클러스터 크기 순으로, 해당 주제어는 연결중심성 순으로 나열되었음

ICT를 기반으로 일자리 창출, 사이버 범죄, 환경호르몬 등의 사회문제를 해결하려는 정부정책으로 나타나고 있다. 즉 과학기술정책의 패러다임이 기술성상에서 사회문제의 직접적 해결로 확대되고 전환되고 있음을 나타내고 있다.

'공공기술사업화 플랫폼'과 '창업생태계 조성' 군집은 과학기술 공공관리 부문을 나타내는 군집으로 크게 공공기술의 사업화를 위한 출연연 중심의 여러 공공기관 사업과 창업 생태계를 활성화하기 위한 여러 시도를 보여주고 있다. 기술사업화의 활성화를 위해 창조경제타운, 창업 교육시스템, 국제과학비즈니스벨트 등 물리적 공간을 활용한 공공기술과 민간기업간 연계 노력을 보여주고 있다. 또한 창업생태계 조성을 위한 창조경제혁신센터, 연구소기업, 기술지주회사 등의 사업을 통해 특히 청년 일자리 창출을 위한 여러 노력을 기울이고 있음을 나타낸다.

마지막으로 'SW/ICT 인프라 구축' 군집은 SW/ICT 관련 사업의 활성화를 지원하기 위한 인적·디지털 인프라를 구축하는 시도를 나타내는 군집이다. 이에 따라 국내 콘텐츠 및 인력의 해외진출을 위해 국제협력사업 등의 여러 사업을 나타내는 주제어가 등장한다.

2. 영역별 군집 프레임 비교

시기별·영역별로 세분화된 군집 프레임의 차이를 요약하면 다음과 같다. 우선 1시기로 분류된 2000년부터 2005년까지는 사회이슈가 주로 신성장동력과 국가혁신체제, 생명과학과 윤리, ICT, 젠더를 중심으로 다양한 군집을 형성하고 있는 반면 정부정책은 주로 국가과학기술 성장을 위한 국가대형연구개발사업, 하드웨어인프라 구축, 과학기술인력양성 등에 초점을 맞추고 있다. 이를 통해 신성장동력과 생명과학 등 경제성장과 관련된 논의는 정부정책에서도 중요하게 다뤄지고 있지만 아직까지 생명윤리나 젠더 이슈에 대한 정책적 접근이 이뤄지고 있지 않았음을 알 수 있다.

한편 학술연구는 사회이슈에서 빈번하게 다루어진 과학윤리에 관한 논의보다 공공기술사업화와 산업혁신체제에 따른 조직역량 등 산업부문에 집중된 경향을 보인다. 즉 사회이슈의 정부 정책화를 위한 학술적 역할이 산업부문의 경제적 성장에 맞추어 진행되고 있다고 해석할 수 있겠다.

다음으로 제2시기에 해당하는 2006년부터 2011년까지의 군집 프레임별 관계를 요약하면 다음과 같다. 우선 이 시기는 기초과학보다 지속가능성을 증대시키기 위해 신재생에너지 융합 기술 중심으로 연구개발투자정책이 활성화되었다. 앞 시기가 하드웨어적 기반을 구축하던 시기였다면 이 시기는 소프트웨어 중심의 기반 고도화를 이루고자 한 것이다. 이에 따라 국가차원의 과학기술혁신체제를 구상하던 정부정책과는 달리 산업발전을 위한 응용기술의 군집프레임이 증가하였다. 이러한 맥락에서 본다면 사회적으로 우주과학에 대한 관심이 여전히 높은 반면 과학기술정책은 우주과학에 대한 로드맵이 선명하지 않은 것에 대한 설명이 어느 정도 가능하다.

<표 25> 제1시기(2000년-2005년) 군집 프레임 비교

군집	사회이슈	학술연구	정부정책
1	신성장동력/NIS	공공기술 사업화	과학기술인력
2	과학윤리	ICT산업	출연연중심 연구개발
3	ICT	혁신클러스터	국가혁신체제
4	젠더이슈	조직역량	과학기술 인프라설계

한편 새롭게 등장한 과학기술 전담부처의 개편에 따라 '녹색성장'에 기반을 둔 정책 아이디어는 지속가능한 과학기술혁신을 강조하며 창의적 교육시스템과 과학기술 인력 양성을 매개하는 쪽으로 징책을 설계하였다. 교육과정의 개편, 교육의 특성화, 내실화, 체험 교육을 강조하는 이른바 창의적 교육을 강조하는 교육시스템 혁신 노력이 구체화됨에 따라 이에 대한 사회적 관심이 쏟아지게 된 것이다. 이는 앞 시기와 달리 정부정책이 사회이슈에 영향을 미치고 있는 것으로 해석할 수 있다.

이러한 인력양성 정책이 과학기술 관련 사회이슈뿐 아니라 학술연구 주제에도 영향을 미침에 따라 기술 실용화 및 사업화 중심의 실증 분석과 더불어 친환경의 지속가능한 과학기술혁신에 대한 인식 틀이 형성되고 있음을 볼 수 있다. 그러나 이러한 인식 틀이 주로 ICT를 포함한 기술개발에 국한되면서 우주과학, 과학기술교육 등에 대한 주요 사회이슈들을 통합적으로 다루지 못하였고, 결과적으로 정부정책의 편향에 대한 제언이 부족했다고 볼 수 있다.

끝으로 제3시기인 2012년부터 2017년 사이의 과학기술 관련 사회이슈는 ICT산업과 일자리, 4차 산업혁명과 과학기술, 인문사회와 과학기술의

<표 26> 제2시기(2006년-2011년) 군집 프레임 비교

군집	사회이슈	학술연구	정부정책
1	교육시스템과 혁신	공공기술 사업화	친환경 과학기술혁신
2	ICT	ICT산업	기술실용화와 인력양성 연계
3	선거이슈	신재생에너지	교육시스템혁신
4	우주과학	R&D 평가	-
5	-	국가R&D사업과 지식재산권	-

융합교육 등 하나에 집중하기보다 여러 주제를 통합적으로 다루기 시작하였다. 또한 나로호 등 우주과학에 대한 관심도 여전히 높으며 후쿠시마 사고를 기점으로 과학기술의 사회적 위험에 대한 주제어도 매우 증가하였다.

이때 정부정책은 ICT 기반의 일자리 창출, 사회문제 해결형 최첨단 ICT R&D, 공공기술사업화 등에 관심을 갖기 시작하였다. 이로써 국가차원의 혁신체제 운영에 있어 하드웨어 보다는 상대적으로 SW/ICT 인프라 구축에 더욱 힘을 쏟았다고 볼 수 있다. 4차 산업혁명의 대응책으로 창업생태계를 조성하고 SW/ICT 인프라 구축에 힘을 쏟은 결과이다. 이러한 정책 방향은 과학기술혁신을 통한 일자리 창출이라는 큰 임무와 이에 파생되는 여러 군집의 형태로 나타나고 있었다. 또한 ICT를 기반으로 일상생활 속 사회문제 해결을 위한 정부정책이 본격적으로 등장하기 시작하였다. 그러나 사회이슈와 대비시키면 여전히 경제성장 중심의 정책레짐이라고 평가되며, 과학기술에 따른 위험에 대한 명확한 대책을 제시하지 못하고 있어 사회 불안에 대한 정부의 대응이 미흡했다고 볼 수 있다.

한편 학술연구는 이 시기 들어 추격과 탈추격 논의와 사회문제와 융합의 군집 프레임을 통해 미래사회를 대비하는 기술혁신이나 사회문제 해결

<표 27> 제3시기(2012년-2017년) 군집 프레임 비교

군집	언론이슈	학술연구	정부정책
1	ICT와 창업	지식재산권	ICT 기반 일자리 및 사회문제 해결
2	4차 산업혁명	분석방법론	공공기술 사업화
3	융합교육	추격과 탈추격	창업생태계
4	우주과학과 북핵	산학연 협력	SW/ICT 인프라
5	사회적 위험	사회문제와 융합	-

을 위한 R&D 연구가 진행되고 있음을 미루어 짐작할 수 있다. 그러나 4차 산업혁명에 대응하기 위한 국가 수준의 혁신체제 논의보다는 지식재산권, 분석방법론이 우선직 군집 프레임으로 나다니면서 기업 수준의 미시 연구에 집중하는 경향이 여전히 크다는 것을 확인할 수 있다. 이로써 사회이슈나 정부정책이 미래사회에 대한 불안, 저성장, 일자리 문제 등 사회문제 해결을 위한 실질적 문제에 답을 요구하고 이에 대한 대응책을 마련하려는 움직임이 강한 반면, 학술연구는 지식재산권이나 기술개발의 성과에 따른 분석방법론 등 기업 수준의 미시적 연구에 편향된 모습을 보이고 있어 정책수요를 포함하는 폭넓은 주제를 다루고 있다고 평가하기는 어렵다고 할 수 있겠다.

3. 영역별 군집 프레임의 시차 비교

여기에서는 과학기술을 둘러싼 사회이슈, 학술연구, 그리고 정책결정 간 시차를 비교함으로써 각 시대별로 과학기술정책 연구가 국가와 사회의 요구에 얼마나 적시성 있게 대응하였는지를 분석하고자 한다. 이러한 시차분석은 정책문제의 발생과 변화에 대하여 정책관련자들이 인지하는 데에 시간적 격차가 존재하고, 이러한 정책 관련자들의 인지 속도의 차이는 정책과정의 영향력이 달라짐에 근거한다. 이러한 세 가지 연구내용을 통해 궁극적으로 과학기술정책 연구가 우리 사회의 수요를 반영하고, 정책문제를 해결하기 위해 얼마나 선도적인 연구가 진행되었는지 살펴보고자 하였다.

이를 본 연구의 맥락에서 다시 해석해보면 인식 시차는 곧 사회이슈와 정부정책의 관심도와 사회문제의 이해도의 차이를 뜻한다. 결정 시차와 집행 시차는 정부 정책 계획의 시기를 뜻한다. 이 세 변수가 정합성을 확보할 때 정책이 성공적으로 집행된다는 것이다. 이때 학술연구가 정합성을 확보할 수 있도록 사회문제를 적절히 연구 주제로 삼아 과학기술정책의 사회적 대응성을 높이는 데 역할을 수행해야 한다는 것이 본 연구가 지닌 문제의식이자 주장이라고 할 수 있다.

사회이슈, 정부정책, 그리고 학술연구의 군집 주제어를 비교한 〈표 28〉을 보면 공통된 군집 프레임을 표시된 것을 볼 수 있다. ICT산업이 활발한 논의주제로 등장했던 제1시기(2000년-2005년)는 세 영역 모두 신성장동

〈표 28〉 사회이슈, 학술연구, 정부정책 간 시차

	군집	사회이슈	학술연구	정부정책
제1시기 (2000-2005)	1	신성장동력/NIS	공공기술 사업화	과학기술인력
	2	과학윤리	ICT산업	출연중심 연구개발
	3	ICT	혁신클러스터	국가혁신체제
	4	젠더이슈	조직역량	과학기술 인프라설계
제2시기 (2006-2011)	1	교육시스템과 혁신	공공기술 사업화	친환경 과학기술혁신
	2	ICT	ICT산업	기술실용화와 인력양성 연계
	3	선거이슈	신재생에너지	교육시스템혁신
	4	우주과학	R&D 평가	교육시스템혁신
	5	-	국가R&D사업과 지식재산권	-
제3시기 (2012-2017)	1	ICT와 창업	지식재산권	ICT 기반 일자리 및 사회문제해결
	2	4차 산업혁명	분석방법론	공공기술 사업화
	3	융합교육	추격과 탈추격	창업생태계
	4	우주과학과 북핵	산학연 협력	SW/ICT 인프라
	5	사회적 위험	사회문제와 융합	-

력과 이에 따른 시스템 구축에 관심이 높았음을 알 수 있다.

이에 관련하여 학술연구가 더욱 선제적으로 인식하고 관심을 쏟았음을 확인할 수 있다. 정부정책은 ICT산입 이전에 국가 수준의 기술혁신체제를 구축하는 데 전력을 다하고 있다고 말할 수 있다. 다만 경제적 성장을 위한 정책레짐이 강하고, 학술연구 역시 경제성장을 위한 학술적·정책적 연구를 진행하는 데 주력하여 과학윤리와 젠더이슈 관련 사회적 요구에 대해 적절한 대응이 이루어졌다고 보기는 어렵다.

제2시기(2006년-2011년) 역시 스마트폰의 등장과 함께 ICT 산업이 대한 논의가 더욱 활발해 졌던 시기이다. 또한 이 시기는 소위 한국형 스티브 잡스 양성을 위한 창의교육과 이공계인력에 대산 관심이 큰 화두였다. 특히 교육과학기술부의 등장으로 과학기술과 교육의 융합 양상에 관한 사회적 관심과 요구가 새로이 등장하던 시기였다. 이때 정부정책 역시 창의교육을 위한 교육시스템의 혁신을 위해 매진하고 있음을 알 수 있다. 주목할 점은 정부정책에서 가장 우선순위에 위치한 친환경 과학기술혁신에 관한 주제어가 사회이슈에서는 현저하게 나타나지는 않았다는 것이다. 이러한 점은 오히려 친환경 과학기술혁신이나 교육시스템혁신과 같은 정책레짐의 형성이 오히려 사회이슈에 영향을 미치고 그 중 교육시스템혁신 주제가 시민사회의 관심을 받고 있었다고 유추할 수 있다. 이때 학술연구에 있어서는 ICT 산업 관련 연구가 활발하게 진행되고 있었다. 그러나 연구 대상은 주로 기업에 초점을 맞춘 연구로 공공기술 사업화에 따른 R&D 평가, 지식재산권 등 경제적 효과에 한정된 연구가 주를 이루고 있다. 교육시스템 혁신에 따른 인문-과학의 융합형 인재를 위한 정책적 과제, 우주과학에 관한 주제 등 과학기술정책의 사회적 수요를 다 담아내고 있다고 보기 어렵다.

제3시기(2012년-2017년)는 이른바 4차 산업혁명이라 불리는 융합형 혁신이 등장하고 다양한 사회 니즈를 충족시키고 지속가능한 발전을 위해 정부, 기업, 과학기술계, 시민사회의 참여가 동시에 이뤄지는 글로벌 변화가 찾아오고 있는 시기이다. 이때 과학기술의 사회적 수요 역시 이러한 특징을 드러내고 있는데 전 시기와 달리 다양한 주제가 융합된 형태로 군집 프레임이 형성되고 있다. 단일 주제만을 다루는 시기를 벗어나 다양한 관점과 인식이 교차되어 나타나고 있는 것이다. 정부정책 역시 이러한 흐름에 발 빠르게 반응하고자 ICT를 활용하여 다양한 일자리를 창출하고 일상생활 속 사회문제를 해결하는 노력, 창업생태계 등의 주제를 담은 정책을 설계하고 진행하고자 하였다. 그러나 여전히 경제성장에 초점을 맞추고 있어, 우주과학과 같은 기초과학, 북핵 및 원전사고와 같은 사회적 위험과 불안에 적절한 대응책을 마련하는 노력이 부족하다고 볼 수 있다.

　한편 과학기술정책 연구는 사회이슈나 정부정책의 우선순위와 달리 지식재산권이나 R&D평가와 같은 경제적 성과를 측정하는 분석방법론 등 기술적인 측면에 더 몰두하고 있음을 알 수 있다. 또한 산학연 협력 등 여전히 기업 수준의 연구에 초점을 맞추어 진행하고 있음을 볼 수 있다. 이는 과학기술정책 연구가 사회적 요구에 즉각적인 반응을 보이는 데 한계를 보이는 주된 원인일 가능성이 높다.

　실제로 사회이슈는 경제저성장, 일자리 부족, 기후변화 등 점차 심각한 사회문제를 해결하기 위해 과학기술을 활용하고, 기초연구도 지속적으로 이루어져야 함을 보여주고 있다. 즉 융합교육, 우주과학, 과학기술의 사회적 위험과 같은 사회이슈에 과학기술정책 연구가 적절한 대응을 하지 못하였다고 볼 수 있다.

V. 결론 및 시사점

●

　　　　　　　　　시기별 군집 프레임 비교를 통해 김도해 본 결과, 과학기술정책 연구는 주로 급변하는 기술혁신에 발 빠르게 움직이는 미시적 연구가 많았다. 그러나 단편적인 연구에서 멈추는 것이 아니라, 다음 시기에는 전 시기의 연구주제의 성숙도를 높여 더 높은 수준의 연구를 꾸준히 진행하고 있다는 점은 20여 년의 과학기술정책 연구의 고무적인 특징이라고 할 수 있다. 예를 들어, 제1시기와 제2시기에 학술연구가 발 빠르게 '기업가 정신'과 '개방형 혁신'에 관한 탐색 연구를 진행한 바 있다. 이 연구가 그 시기에 그치는 것이 아니라 다음 시기인 제3시기에 본격적으로 과학기술 공공관리 영역인 산학연 협력과 기술이전, 기술창업 등의 기술혁신 토대를 마련한 것이다. 이러한 점을 미루어보건대 과학기술정책 연구가 기술혁신에 있어 활발한 지식생산과 확산에 기여하고 있다는 것을 확인할 수 있다. 한편 과학기술정책의 사회적 대응성 강화를 위한 연구자와 정부의 이제까지의 노력은 어느 정도 결실을 맺고 있음을 알 수 있었다. 학술연구와 정부의 업무보고 분석 결과, 국가 연구개발체제의 변화가 이루어지고 있었음을 알 수 있었다.

　　즉, 2000년대 초반 경제성장을 위한 지식창출에서 2010년대 후반에 가까워질수록 국민의 삶의질 향상을 위한 지식활용으로 과학기술정책의 영역이 확장되고 있었다. 국가대형연구개발사업과 하드웨어적 인프라 구축에서 창업 생태계 활성화 및 빅데이터, AI 등 신기술에 기반을 둔 새로운 지식활용 혁신을 강조하고 있는 것이다.

　　그러나 여전히 과학기술정책의 전반을 통합적이고 균형적인 시각으로 조망하는 연구는 많지 않다. 이러한 까닭에 4차 산업혁명이라는 큰 사회적 변화 속에서 한국의 과학기술이 가야할 방향과 바람직한 혁신체제에 대해 사회이슈와 정부정책의 방향이 전환되고 있음에도, 학술연구는 여전히 기업 혹은 산업 수준의 미시적 연구가 주를 이루고 있다고 볼 수 있다. 물론 최근 들어 지속가능한 환경을 위한 신재생에너지, 사회문제를 해결하려는 연구가 진행되고 있으나, 기술 자체에 초점을 두는 경향이 강하며, 통합적 시각을 제공하는 연구는 부족하다. 정책은 복잡하게 얽혀있는 경우가 많아 사회과학적 시각과 과학기술의 전문성이 융합적 접근을 필요로 한다. 이제 과학기술의 발전만을 위한 정책이 아닌 사회문제를 해결하는 정책의 적실성 있는 과학기술정책 연구가 되기 위해서는 통합적인 시각을 견지한 연구에 더욱 매진해야 할 것이다.

사회적 수요에 기민하게 반응하고 정책의 편향성을 비판하여 과학기술의 사회적 대응성을 높이는 역할을 수행하기 위해서는 폭넓은 시각이 더욱 필요한 것이다.

이제까지 살펴본 과학기술 사회이슈의 흐름은 학술연구가 사회적 대응성을 높이는 데 있어 다음과 같은 시사점을 제공한다. 먼저 학술적, 정책적 기여를 높이기 위해 균형 잡힌 과학기술 정책 연구에 더욱 힘쓸 필요가 있다. 앞서 제시한 바와 같이 과학기술정책의 사회적 수요는 국가경쟁력 제고의 관점뿐 아니라 점차 일상생활의 크고 작은 사회문제까지 확장되는 경향을 보인다. 이를 고려해 향후 과학기술정책 연구는 지속가능한 사회를 지향하고 사회문제 해결을 위한 정책 수요기반의 수요 발굴 및 탐색형 연구, 기업차원의 미시 분석을 통한 증거기반 정책 연구, 국가차원의 과학기술정책의 로드맵을 제시할 수 있는 거시적 담론이 제시되어야 한다.

다음으로, 과학기술의 사회적 수용성을 높이기 위해 사회적 파급효과(윤리, 문화, 인식 등)까지 고려한 통합적인 연구시각이 필요하다. 즉 기술위험까지 고려한 과학기술정책으로의 패러다임 선환이 필요하며, 과학기술뿐만 아니라 그에 따른 사회적인 파급효과까지도 고려한 통합적인 대응을 위한 연구를 강화할 필요가 있는 것이다. 특히 언론 분석을 통해 국민들은 과학기술혁신뿐 아니라 그에 따른 사회적 파급효과도 고려한 통합적 대응을 요구하고 있음이 드러났다. 예를 들어 2000년 초반의 언론 분석 시 황우석 사태를 통해 생명공학뿐 아니라 그에 따른 생명윤리에 관한 논의가 지속적으로 등장하였다. 또한 더 나아가 임신중단과 여성의 낙태 권리까지도 관련 논의가 확대되면서 과학기술의 사회적 파급력이 크다는 것을 확인하였다. 마지막으로, 사회문제 해결을 위한 다학제적 융합연구의 확산이 필요하다. 사회문제는 기술과 제도 등 다차원적인 측면에서 복잡하게 얽혀있는 경우가 많으므로 사회 문제의 정확한 진단과 해결책을 제시하기 위해, 여러 학문적 시각의 융합이 요구되는 것이다. 앞서 제시한 바와 같이, 과학기술혁신과 더불어 생명윤리와 관련된 위험을 통합적으로 다루기 위해서 위험커뮤니케이션, 과학기술 문화 등 사회문화적 요소를 고려한 학제간 연구가 필요하다.

결론적으로 이 연구는 다음과 같은 의의를 지닌다. 첫 번째로 각 시대별로 과학기술정책 연구가 국가와 사회의 요구에 얼마나 적시성 있게 대응하였는지를 확인함으로써 이제까지의 학술 연구가 과학기술정책에 어떻게 그리고 얼마나 이론적으로 기여를 하고 있는지에 대한 계량적인 진단을 가능케 하였다. 두 번째로 과학기술에 대한 사회의 정책적 요구와 정책결정과의 상호작용을 살펴봄으로써 정책 패러다임의 사회적 학습 과정을 탐색해 볼 수 있었다. 과학기술을 통한 사회혁신 과정에 점차 시민과 사용자의 참여 공간이 확대되면서 이른바 모드 3 또는 공동창조의 지식생산 방식이 중요하게 다루어지고 있다는 것이다. 이러한 점에서 과학기술정책 아이디어의 형성에서 사회적 학습 혹은 사회와 학술연구, 정책 간 공진화에 따른 혁신성에 관한 논의는 유의미하다. 세 번째로 20년 동안의 과학기술정책 연구의 학문적 발전 과정을 돌아보고 앞으로 나아가야 할 방향을 새로이 정립하는 성찰의 기회를 제공하였다. 과거 과학기술정책 연구 및 정책성과를 학술적으로 정리하는 작업은 향후 학술적 방향정립을 위한 기초 자료 및 방법론으로 활용될 수 있다.

본 연구의 한계와 향후 연구 과제는 다음과 같다. 먼저, 분석 데이터의 범위가 가지는 한계이다. 제한된 언론사의 기사에서 사회연결망서비스 등으로 범위를 넓혀 연구를 수행해볼 필요가 있다. 한편 생명윤리 등 특정 분야나 주제에 초점을 맞춘 과학기술 세부 분야의 사회이슈, 정부 정책, 학술연구의 공진화를 분석해 볼 수도 있을 것이다. 다음으로, 과학기술정책 연구의 영역을 확대할 필요가 있다. 앞에서 언급한 통합적, 융합적 시각의 연구는 물론, 기존의 미시적 기술혁신과 관련된 연구에서 확장하여 과학기술정책과정, 과학기술의 공공관리 측면에 대한 연구성과를 축적해야 한다. 특히 앞에서도 언급한 과학기술정책 및 학술연구의 사회이슈에 대한 민감성을 높인다는 측면에서 과학기술 정책과정에서도 정책의제설정에 대한 연구가 필요하다.

강현무·김정식·이용순·노태천 (2010), "기술교육학 연구집단의 사회네트워크분석", 「한국기술교육학회지」, 10(1): 47-69.

권기석·박한우·한승환 (2012), "한국 행정학/정책학 연구의 구조와 동향: 공동저술에 대한 사회네트워크 분석을 중심으로", 「2012년 한국정책학회 하계 학술대회발표논문집」, pp. 575-585.

권기헌 (2008), 「정책학」, 서울: 박영사.

김건위·최인수·전대욱(2015), [지방행정연구] 지의 게재논문 분석 (1986-2014)을 통한 지방자치 및 지방행정의 연구동향 분석, 「지방행정연구」, 29(1); 33-62.

김동광 (2002), "생명공학과 시민참여: 재조합 DNA 논쟁에 대한 사례 연구", 「과학기술학연구」, 2(1): 107-134.

김용학·윤정로·조혜선·김영진 (2007), "과학기술 공동연구의 연결망 구조", 「한국사회학」, 41(4): 68-103.

김정수 (1996), 「미국 통상정책의 정치경제학」, 서울: 일신사.

김태승 (2017), "시차이론의 숙성기에 대한 연구", 「한국행정학보」, 51(1): 91-116.

김태훈 (2010), "[지역사회연구] 학술지의 네트워크 분석에 관한 연구", 「지역사회연구」, 18(4): 91-107.

남수현·설성수 (2007), "한국의 기술혁신 연구자 관계구조 분석: 사회네트워크 관점", 「기술혁신학회지」, 10(2): 605-628.

박순애 (2007), "행정학 연구분야의 시대적 적실성에 대한 시론적 연구", 「한국행정학보」, 41(3): 321-344.

박치성 (2010), "기획특집호: 한국의 행정학/정책학 연구에 있어서 사회네트워크 방법론의자리 찾기", 「한국정책학회보」, 19(4): 115-154.

박치성·정지원 (2013), "텍스트 네트워크 분석: 사회적 인식 네트워크 (socio-cognitive network) 분석을 통한 정책이해관계자 간 공유된 의미 파악 사례", 「정부학연구」, 19(2): 73-108.

송성수 (2005), "생명윤리 입법과정에 관한 정책네트워크 분석, 1997~2003", 「한국기술혁신학회지」, 8(2): 702-731.

송성수 (2002), "한국 과학기술정책의 특성에 관한 시론적 고찰", 「과학기술학연구」, 2(1): 63-83.

윤석경 (2007), "인용분석에 의한 행정학분야 학술지의 특성", 「한국공공관리학보」, 21(3): 113-139.

이수상 (2010), "공저 네트워크 분석에 관한 기초연구", 「한국도서관·정보학회지」, 41(2): 297-315.

이민창·최성락 (2013), "한국의 규제연구 동향 분석(1990-2012)", 「한국사회와 행정연구」, 24(2): 339-366.

이우권 (2010), "한국 인사행정의 연구경향 분석", 「한국자치행정학보」, 24(1): 239-256.

이은경 (2007), "한국의 나노기술: 초기 정책 형성과 사회적 수용을 중심으로", 「과학기술학연구」, 7(1): 91-116.

이정식·안희수·안청시·손문호·김만흠·양재인·이남영·박종훈·정윤무·이정희·윤정석·유훈·김흥기·조찬래·손호철·정용길 (1993), 「정치학」, 서울: 대왕사.

이창길 (2010), "정권 초기의 가치지향과 정책우선순위: 참여정부와 이명박정부의 언어네트워크 비교분석", 「한국행정학보」, 44(3): 165-189.

정용덕 (2010), "한국행정학연구의 주제와 방법", 「한국행정학회 동계학술대회 발표논문집」, pp. 258-278.

정정길·최종원·이시원·정준금·정광호 (2010), 「정책학원론」, 서울: 대명문화사.

조흥순·전상훈 (2011), 「한국 교육정책학의 최근 연구동향(2006-2010)」, 「한국교육학연구 (구 안암교육학연구)」, 17(3): 29-62.

최영출·박수정 (2011), "한국행정학의 연구경향 분석: 네트워크 텍스트 분석방법의 적용", 「한국행정학보」, 45(1): 123-139.

최영훈·이강춘 (2009), "학술논문 공동저술 유형 분석: 한국행정학보(1989-2008) 기고논문을 중심으로", 「한국행정학보」, 43(3): 51-72.

최현도 (2014), "과학기술혁신정책 이슈와 학술연구 간의 상호관계연구", 「기술혁신학회지」, 17(4): 763-785.

하선권·김성준 (2016), "한국의 규제연구 동향 분석-행정학과 정책학 분야의 키워드네트워크분석", 「사회과학논집」, 47(1): 81-104.

하연섭 (2006), "정책아이디어와 제도변화: 우리나라에서 신자유주의의 해석과 적용을 중심으로", 「행정논총」, 44(4): 1-27.

허만형 (2009), "방법론적 관점에서의 한국정책학 연구경향에 관한 연구", 「한국정책학회보」, 18(1): 29-47.

Barabâsi, A. L., Jeong, H., Néda, Z., Ravasz, E., Schubert, A., & Vicsek, T. (2002), "Evolution of the social network of scientific collaborations", *Physica A:*

Statistical mechanics and its applications, 311(3-4): 590-614.

Béland, D. (2005), "Ideas and social policy: An institutionalist perspective", *Social Policy & Administration*, 39(1): 1-18.

Berman, S. (2001), "Ideas, Norms, and Culture in Political Analysis", *Comparative Politics*, 33(2): 231-250.

Blyth, M. (1997), ""Any More Bright Ideas?" The Ideational Turn of Comparative Political Economy", *Comparative Politics*, 29(2): 229-250.

Blyth, M. (2002), *Great Transformation: Economic Ideas and Institutional Change in the Twentieth Century*, Cambridge: Cambridge University Press.

Carayannis, E. G., and Campbell, D. F. J. (2012), *Mode 3 Knowledge Production in Quadruple Helix Innovation Systems*, NY: Springer.

Cobb, Roger W., and Elder, C. D. (1983), *Participation in American Politics: The Dynamics of Agenda-Building.* (2d ed.), Baltimore, MD: The Johns Hopkins University Press.

Gibbons, M., Limoges, C., Nowotny, H., Schwartzman, S., Scott, P., & Trow, M. (1994), *The new production of knowledge: The dynamics of science and research in contemporary societies*, London: Sage.

Habermas, J. (1973), *Legitimation Crisis*, Boston: Bacon Press.

Hall, P. A. (1993), "Policy paradigms, social learning, and the state: the case of economic policymaking in Britain", *Comparative politics*, 25(3): 275-296.

Leydesdorff, L. (2006), *The Knowledge-based Economy*, Florida: Universal Publishers Boca Raton.

Lieberman, R. C. (2002), "Ideas, institutions, and political order: Explaining political change", *American political science review*, 96(4): 697-712.

Newman, M. E., and Girvan, M. (2004), "Finding and evaluating community structure in networks", *Physical review E*, 69(2): 1-16.

Mahoney, J., and Thelen, K. (2009), "A theory of gradual institutional change", *In Explaining Institutional Change: Ambiguity, Agency, and Power*, Cambridge University Press, pp. 1-37.

Schumpeter J. A. (1964), *Business Cycles*, NY: Mc-Graw Hills.

Voorberg, W. H., Bekkers, V. J., and Tummers, L. G. (2015), "A systematic review of co-creation and co-production: Embarking on the social innovation journey", *Public Management Review*, 17(9): 1333-1357.

Wagner, C. S., and Leydesdorff, L. (2005), "Network structure, self-organization, and the growth of international collaboration in science", *Research policy*, 34(10): 1608-1618.

" Perspectives from Research Field "

과학기술정책 연구에 대한
연구현장의 시각

한국기술혁신학회
창립 20주년 기념 원탁토론회 개최
– 제4차 산업혁명, 과학기술정책 방향, 학회의 미래 역할 –

왼쪽부터 이찬구 학회장, 강대임 원장, 한유리 학생, 임기철 원장, 박상열 원장, 설성수 명예회장

I. 원탁토론회 개요

한국기술혁신학회는 2017년 11월에 창립 20주년을 맞이하여, 추계 학술대회(2017.11.02.(목)-03(금) ; 제주 KAL호텔)의 원탁토론회에서 〈제4차 산업혁명, 과학기술정책 방향, 학회의 미래 역할〉이라는 주제를 중심으로 논의하였다.

토론은 이찬구 회장(충남대학교 행정학부 교수 겸 국가정책대학원장)의 사회로, 주제에 따라 참석자들이 자유롭게 의견을 개진하는 형태로 진행되었으며, 가나다순에 의한 토론 참석자는 다음과 같다.

1. 강대임 원장; 대구경북과학기술원(DGIST) 융합연구원장, (전)한국표준과학연구원장
2. 박상열 원장; 한국표준과학연구원장
3. 임기철 원장; 한국과학기술기획평가원(KISTEP) 원장, (전)국가과학기술위원회 상임위원
4. 설성수 교수; 한남대 경제학과, (전)한국기술혁신학회 회장(2005년도

및 2006년도)

5. 한유리 학생; 과학기술연합대학원대학교(UST) 석사과정 재학

이 토론회를 통해서 연구진들은 한국기술혁신학회가 과거 20년 동안 수행하여 온 과학기술정책 연구에 대한 연구현장의 평가와 향후 과학기술정책 연구에 대한 다양한 요구와 기대를 확인할 수 있었다. 이러한 연구현장의 평가와 요구는 앞으로 미래 20년을 준비하는 한국기술혁신학회가 과학기술정책 연구의 방향성을 설정할 때 중요한 요인으로 고려해야 할 것으로 생각한다.

II. 논의 및 제안의 주요 사항 종합

원탁토론회에서 논의 및 제시되었던 여러 사항들을 토론의 핵심 주제인 제4차 산업혁명, 과학기술정책 방향, 학회의 미래 역할로 분류하여 종합하면 다음과 같다.

1. 제4차 산업혁명의 인식과 대응

첫째, 제4차 산업혁명의 실체에 대한 논란보다는, 이를 사회전반의 긍정적이고 역동적인 에너지로 동력화하여 국가·사회의 성장과 발전의 계기로

삼는 지혜가 필요하다.

둘째, 제4차 산업혁명에 대한 학문적 관심과 정책 실험들이 꾸준하게 지속되어야 하나, 맹목적으로 선진국의 사례를 답습하기보다는 학회 등을 중심으로 우리만의 새로운 독자적인 흐름을 만들기 위한 고민이 필요한 시점이다.

셋째, 현장 연구자의 입장에서는 제4차 산업혁명에 대한 기대보다는 예측하기 어려운 부분에 대한 공포감이 더 크게 다가올 수도 있다. 특히, 우리나라의 중소기업들이 외부의 변화를 잘 수용해서 새로운 생태계에 잘 참여할 수 있을까에 대한 우려가 크다. 이런 시기일수록 정부, 연구기관, 학회 모두가 치열한 고민을 통해, 제4차 산업혁명의 흐름에 동승하지 못한 약자들을 지원하기 위한 생태계를 마련해야 할 것이다.

2. 과학기술정책 방향 및 평가문화 개선

첫째, 연구성과의 평가정책이 계량적·정량적 평가방식에서 과감하게 벗어나 선진국처럼 과학기술 성과의 사회·경제적인 영향(impact)이 핵심적인 평가기준으로 활용되어야 하며, 궁극적으로는 과학기술정책이 사람 중심으로 전환되어야 할 것이다.

둘째, 과학기술계의 성과평가 문화가 기존의 연구과제중심(PBS) 체계에서 과감하게 탈피하여 새롭고 도전적인 "Post-PBS" 또는 "탈PBS" 체제로의 변화가 필요한 시점이다. 이를 위해서는 형식적이고 정형화된 평가체계 대신, 내실 있고 유연한 평가체계가 설계·운영되어야 할 것이다.

셋째, 자율적인 평가체제의 전환이 연구현장에서 실현되기 위해서는 연구과제의 비전과 최종 목표만 관리하고 세부적인 사항은 과학기술자들에게 위임하는 연구관리 체계의 자율화가 수반되어야 한다.

3. 학회의 미래 역할

첫째, 한국기술혁신학회의 신진학자 및 대학원생 분과 신설은 대학원생들에게 매우 고무적인 일이다. 앞으로 다양한 분야의 전문지식을 가진 신진학자의 유입을 위해 학회 차원에서의 적극적인 홍보활동과 이들을 위한 참여의 장(場)이 지속적으로 확대되어야 할 것이다.

둘째, 한국기술혁신학회를 중심으로 과학기술혁신을 위한 법제 연구가 적극적으로 수행되어, 과학기술 발전을 저해하는 규제들을 과감하게 폐지할 수 있는 이론적 근거를 제공할 수 있어야 할 것이다. 또한 산업계의 현장혁신을 위한 연구와 이에 대한 한국기술혁신학회의 적극적인 지원활동이 이루어질 수 있기를 기대한다.

셋째, 제4차 산업혁명 등 급진적 또는 파괴적 혁신에서 소외되거나 혁신의 피해자들을 대상으로 하는 포용적 혁신(inclusive innovation)에 대한 연구를 한국기술혁신학회가 주도할 필요가 있다.

넷째, 과거에는 한국기술혁신학회의 역할이 연구주제의 선정이나 정책과정에의 참여에서 선진국을 모방하거나 정부정책을 뒷받침하는 추격형이었다면, 미래에는 학회가 스스로 우리 사회에 필요한 연구주제를 탐색하고 정책문제를 발굴·의제화하는 선도적인 학문공동체가 될 수 있기를 희망한다.

III. 토론 내용 전문

이찬구 학회장 : 우선 한국기술혁신학회의 창립 20주년을 기념하는 이 자리에 참석하여 주신 학회의 전임 회장님과 감사님들, 그리고 여러 회원님들에게 깊은 감사의 말씀을 드립니다.

이번 원탁토론회는 우리나라에서 그동안 과학기술정책 연구와 기술혁신 연구를 주도하여 왔던 우리 학회의 지난 20년을 성찰하면서 또 다른 미래 20년을 준비하기 위한 자리로 마련되었습니다. 이런 의미 있는 자리에 바쁘신 가운데서도 참석하여 주신, 강대임 대구경북과학기술원 융합연구원장님, 박상열 한국표준과학연구원장님, 임기철 한국과학기술기획평가원장님, 설성수 한국기술혁신학회 명예회장님, 그리고 한유리 과학기술연합대학원대학교 학생에게 감사드립니다. 이들 5분은 각각 연구현장 및 과학기술 중심대학, 연구관리 기관, 과학기술 전공 대학원생, 한국기술혁신학회의 입장에서 오늘의 토론 주제에 대해 탁견을 주실 것으로 믿고 있습니다.

오늘 여기에서 한국기술혁신학회의 여러 회원님과 5분의 토론자들이 함께 고민하는 내용들은, 학회의 학문적 역량에 대한 우리 모두의 성찰과 함께 향후 한국기술혁신학회의 발전방향을 설정하는 출발점이 될 수 있기를 바라고 있습니다.

토론은 오늘의 3가지 주제에 맞추어 참여하신 분들께서 순서대로 말씀하신 다음에 전체적인 의견을 종합하는 형태로 진행하도록 하겠습니다.

임기철 원장 : 문재인정부가 들어서며 최근의 화두는 세 가지로 요약됩니다. 첫째는 제4차 산업혁명이고, 둘째는 혁신성장, 그리고 셋째는 원자력 축소입니다. 이 부분에서 학회가 조금 더 깊이 있는 분석과 정책대안을 제시해 주셨으면 합니다.

특히, 혁신연구 차원에서는 그간 아쉬운 점도 있습니다. 혁신연구가 여러 연구기관으로 분산되어 협조체제가 부족하고, 연구자 수가 많지 않은 상황에서 연구기관과 학회마다 과학기술정책 관련 학술지를 발간하면서 경쟁하고 있습니다. 제가 한국과학기술기획평가원장(KISTEP) 원장으로서 이러한 문제를 해소하기 위해 노력해 보고 싶습니다. 또한 대통령이 강조하는 국가혁신이라는 관점에서, 특히 혁신문화와 혁신철학에 대한 연구가 더 추가되어야 할 것으로 생각합니다.

설성수 교수 : 창립멤버와 회장으로 참여하여 왔던 기술혁신 연구 20년을 돌이켜 보면 두 가지 아쉬운 점이 있습니다. 하나는 기술혁신 연구가 지나치게 '과거형'이라는 것입니다. 즉, 기술혁신 혹은 기술정책 관련이론이 지나치게 과거의 생산방식인 제조업형이라는 점입니다. IT기반의 새로운 기술혁신 영역은 상당 부분 한국기술혁신학회가 아닌 다른 학회에서 다루어지고 있습니다. 전자상거래, 핀테크 등의 IT기반 새로운 산업, 스마트공장 스마트시티 등 IT기반 사회변화 등이 그 예라고 할 수 있겠습니다. 사회변화를 모니터하고 이를 선도하는 과학기술정책 연구가 우리 학회차원에서 수

행되었는가에 대해서는 회의적인 생각이 듭니다. 다른 하나는 아직도 한국의 기술혁신연구가 선진국 추격형이라는 점입니다. 일부 회원들에 의해 탈추격을 위한 연구가 진행되고 있지만, 대부분의 기술혁신 연구자들은 추격형에서 벗어나고 있는지 반성할 필요가 있습니다. 우리 학회의 기술혁신과 과학기술정책 연구에서 혁신적 사고를 부활할 필요가 있다는 것입니다.

강대임 원장 : 최근 과학기술혁신본부장이 과학기술정책에서 사람중심, 시스템 혁신, 국민이 피부로 느끼는 연구를 지향하겠다고 발표한 것과, 과학기술정보통신부장관이 연구몰입환경 저해 요인을 철폐하겠다는 발표는 연구자의 한 사람으로서 매우 환영하는 바입니다. 총론은 매우 좋은 방향으로 설정되어 있는데 항상 문제가 되는 것은 세부적인 각론입니다. 앞으로 각론을 수립할 때 총론이 충분이 반영되는 정책이 학회를 중심으로 수립되기를 기대하겠습니다.

제4차 산업혁명 시대에 과학기술계의 핵심 키워드는 창의(creativity)와 도전(challenge), 그리고 협업(collaboration)이 아닐까 생각합니다. 'Fast follower' 시대에는 남이 간 길을 빨리 가면 승자가 될 수 있었지만 'Fast Mover' 시대에는 누구도 가보지 않은 길을 스스로 찾아 가야 할 것입니다. 제4차 산업혁명 시대에는 First Mover들이 세상을 주도할 것으로 예상합니다.

이런 관점에서 과학기술계가 지향해야 할 전략으로 신뢰를 바탕으로 한 자율과 책임, 실패를 용인하는 새로운 시도를 적극 장려하는 문화를 만들어야 할 것입니다. 이런 문화를 만들기 위해 오늘 토론회에서 평가제도 개선, PBS제도 폐지 등에 대해 토론이 이루어지기를 기대합니다.

박상열 원장 : 먼저 뜻깊은 토론의 장에 초청해 주셔서 감사드립니다. 연구에 몰입해야 하는 연구자 입장에서 연구만큼이나 중요한 혁신을 위한 제도나 정책을 연구하는 한국기술혁신학회에 대한 기대가 크고 협업의 필요성을 항상 크게 느끼고 있었습니다. 오늘 이 자리에서 제가 그 동안 고민했던 부분에 대해서 말씀드리고자 합니다.

한유리 학생 : 최근 특히 "제4차 산업혁명"이라는 키워드에 주목하며, 과학기술정책연구로서 ICT기술 친화적인 주제들이 많이 나타나고 있는 것 같습니다. 이와 관련하여 거시적으로 빅데이터, 사물인터넷 등 미래 핵심기술을 도출하고, 그 필요성에 관련한 연구가 활발히 수행되고 있는 것으로 판단됩니다.

그러나 아직까지는 미래 사회에서 우리가 잘 할 수 있는 분야가 무엇인지 찾아내고 이를 발전시킬 수 있는 구체적인 정책연구는 많이 이루어지지 않고 있는 실정입니다. 이제는 세부적으로 한국이 잘 할 수 있는 고유한 연구사업을 찾아내고 연구성과를 어떤 분야에서 어떻게 효율적으로 활용할지에 대한 보다 근본적인 연구가 필요하다고 생각합니다.

더불어, 전통적인 제조중소기업 같은 경우, 당장 신기술에 대한 필요성을 느끼지 못하고, 실제 수용하기까지 상당한 시간이 소요되는 것이 현실입니다. 기업들의 신기술 채택을 원활하게 하기 위해서는 기술을 활용하는 입장과 기술 활용 수준에 대한 정책적인 고민을 해야 할 시기라고 생각합니다. 관련 정책으로는 교육, 법·제도, 인프라 등 다양한 형태로 나타날 수 있을 것 같습니다.

정리하면, ICT 기술의 적극적인 활용을 통한 우리나라 산업 발전을 위해서는 미시적 수준에서의 활용 및 수요 측면의 연구도 활발히 진행되었으면 하는 바람입니다.

이찬구 학회장 : 최근 학계는 열심히 연구하고 있는데 현장에서는 적용이 어렵거나 언뜻 보면 관련이 없어 보이는 연구를 하고 있다는 비판을 많이 받고 있습니다. 이런 측면에서 연구를 수행하는 연구자들은 현장에서 바로 적용가능하며 실용적인 연구를 위해 더 분발해야 할 것 같습니다.

다음으로 임원장님께 '평가문화'에 대해서 어려운 질문하나 드리겠습니다. 연구자들의 연구문화나 혁신 등을 모두 포괄하는 "평가 문화"에 대해서 현장에 계신 임원장님께서는 어떻게 생각하시는지 의견을 듣고 싶습니다.

임기철 원장 : 평가문화에 대해서 말씀드리기 이전에, 사회전반에서 요즘 많이 언급되고 있는 제4차 산업혁명에 대해 간단히 말씀드리겠습니다. 저의 의견은 제4차 산업혁명을 긍정적으로 받아들이고 이에 대해 사회전반의 역동적인 에너지를 "동력화하자"는 것입니다. 즉, 제4차 산업혁명에 대해서 부정적인 의견도 많지만, 이러한 의견들은 접어두고 인공지능과 빅데이터

를 중심으로 우리사회의 추진목표를 만들고, 여기에 힘을 실어 과감하게 나아갈 것을 제안합니다. 과거 우리나라는 5년마다 경제개발계획을 수립하고 계획에 따라 추진력을 실어서 성장해 왔습니다. 즉, 우리국민의 강점이라 볼 수 있는 목표를 설정하고 이를 달성해 나가는 방식으로 제4차 산업혁명에 대한 에너지를 모아서 동력화하면 토착화된 방식으로 성장해 나가는 방안이 아닐까 생각되어 평가문화에 앞서 간단히 말씀드렸습니다.

본론으로 돌아가서 평가문화에 대해 말씀드리자면, 과거 정책을 연구하는 분들은 평가에 대해 다소 냉소적으로, "우리나라는 평가공화국"이란 말을 해왔습니다. 우리가 왜 평가를 중시하게 되었는가에 대해서 생각해 보면, 평가결과가 결국 자원배분과 관련이 있었기 때문이라고 생각됩니다. 즉, 자원배분에서 모두가 다 수긍하고 공감하는 논리체계를 구성하려다보니 객관성, 공정성이 중요하게 작용했고, 이는 결국 무엇인가를 객관화된 수치로 나타내면 공정한 것으로 이해되어 왔다는 것입니다.

객관적인 수치로 나타나는 평가 결과를 가장 즐겨 사용한 쪽이 바로 재정당국자라고 볼 수 있습니다. 재정당국자들은 자원배분의 모델에 대한 논리성을 찾고, 이에 대한 근거를 수치화된 결과로 사용하기 위해 평가를 활용했습니다. 즉, 위원회를 구성하여 운영하고, 평가에 대한 결과로 순위가 나오면 그것에 따라 총액을 배분하는 체계였습니다. 이와 같은 재정당국자들의 필요성에 대해 지식을 창출하는 과학기술계가 수동적으로 평가에 대응해 왔다고 생각합니다.

평가로 대표되는 가장 상징적인 것이 연구과제중심제도인 PBS라고 생각됩니다. 올해 초 저는 STEPI 연구진과 함께 Post-PBS를 논의했었습니다. 이른바 "Post-PBS" 또는 쉽게 "탈PBS" 란, "기존의 평가시스템을 벗어나서 새로운 의미의 도전적인 평가시스템으로 가자"는 것입니다.

KISTEP 기관차원에서도 Post-PBS를 준비하기 위해선 무엇이 필요한가를 주제로 지금까지 3차례의 KISTEP 100분 토론회를 외부에서 개최하였습니다. 여러 차례의 토론 결과, 가장 핵심이 되어야 할 부분은 평가제도로 의견이 모아졌습니다.

기초연구와 원천연구 과제는 〈결과평가〉를 하지 않고, 일반 연구개발 과제도 연차평가는 과감히 없애 평가의 부담을 줄이자는 의견이 많았습니다. 또한 과제를 선정하는 〈선정평가〉시에는 '20분 발표, 10분 토론'식의 형식적인 평가 대신, 시간을 늘려서라도 자유로운 토론과 질문을 통한 내실 있는 평가체제로 전환하자는 의견도 제안되었습니다. 이렇게 조금씩 평가문화를 변화시켜 나간다면, 기존의 평가체제도 점차 개선되어 가리라고 생각됩니다.

이찬구 학회장 : 예. 감사합니다.

강대임 원장 : 임원장님, 굉장히 좋은 말씀과 소식 전해주셔서 감사드립니다. 사실 제가 평가 관련하여 꼭 이야기 해야겠다고 생각했던 것은 오늘 축사를 해주신 김성태 의원께서 여기 원탁토론회에서 나온 좋은 정책을 앞으로 모두 반영해 주신다고 했기 때문입니다. 특히 한국기술혁신학회가 과학

기술 현장에서 나타나는 여러 문제들을 해결하는 역할을 하고 있기 때문에, 제가 화두를 던지겠습니다.

먼저 제가 간단하게 한 가지 설명 드리겠습니다. 프랑스 파리에는 측정단위의 세계적 통일을 주요 업무로 하며, 표준연구기관들을 공동으로 주관하는 국제도량형위원회(CIPM: International Committee for Weights and Measures)가 있습니다. 거기에는 저를 포함한 전 세계 측정전문가 18명이 현재 위원으로 활동하고 있는데, 이들은 위원회의 활동평가를 담당하고 있습니다. 국제도량형위원회의 비전, 미션, 연구계획 등에 관련된 8년간 계획서는 단 20페이지에 불과합니다. 전문가들의 논의를 통해 전체적인 큰 계획만 수립하고 세부적인 것은 기관 연구진들의 자유재량에 맡기기 때문에 아주 적은 분량의 계획서가 나올 수 있었습니다. 또한 업무결과는 논문수, 특허 수 등 정량적인 것으로만 평가하지 않고, 동료나 전문가 평가 등 정성적인 평가방법을 통해서 판단하고 있습니다. 따라서 우리나라에서도 이처럼 평가를 위한 평가가 아닌 유연한 평가체계가 만들어졌으면 하는 바람이 있습니다.

최근 저는 대구경북과학기술원(DGIST)에서 총장이 바뀐 후, 연구성과 계획서를 주관하여 만든 적이 있습니다. 이 자리에 가지고 와 봤는데, 보고서가 이전에 비해서는 많이 간소화 되었음에도 불구하고, 여전히 200페이지 정도의 분량에 목표, 검증방법 등을 상세하게 기재하고 있습니다. 또한 기재된 세부 내용대로 수행되지 않을 경우, 평가 시 벌점을 받는 경우가 많습니다.

따라서 제가 드리고 싶은 말씀은 가장 큰 목표만 승인을 받고, 세부 사항들은 과학기술자들에게 과감하게 권한을 위임하여 최종적으로 전문가들을 통해서 평가를 받는 체계로 바꾸어 나갔으면 합니다.

이찬구 학회장 : 예. 감사합니다. 지금 평가 쪽으로 말씀들이 많이 나왔는데, 임원장님께서도 약속을 하셨고, 김성태 의원께서 좋은 제안을 주시면 입법화하겠다고 약속하셔서, 그 부분은 제가 나중에 의원님께 전달해 드리겠습니다.

지금까지 제시된 평가제도 개선과 관련된 과감한 제안들은 제4차 산업혁명과 관련지어 해석하면, '파괴적인 혁신', '과거와의 단절'로 볼 수 있을 것 같습니다. 또한 평가뿐만 아니라 다양한 현장의 문제들이 학회의 연구를 통해 좋은 정책 대안들이 제시되어 해결될 수 있기를 바랍니다.

다음으로, 오랫동안 기다리신 설교수님께서 우리 학회가 앞으로 나아가야 할 방향에 대해 좋은 의견 주시면 감사드리겠습니다, 사실 오늘 이 자리에서 우리 학회에게 요구되는 역할들이 명시적으로는 드러나지 않지만, 묵시적으로는 계속 나오고 있었습니다. 여기 계신 여러 후배, 선생님들은 앞으로 우리 학회의 방향과 비전을 어떻게 설정해야 될까를 고민할 때, 참고해 주시면 감사드리겠습니다. 여기 계신 미래 회장님들께도 도움 부탁드리겠습니다.

설성수 교수 : 20년 전에 한국기술혁신학회에 주어졌던 과제는 벤처 붐에 따른 "기술가치평가"였고, 2000년대 중반, 10년이 지난 후에는 "글로벌"이란 단어였고, 지금 우리에게 주어진 과제는 "제4차 산업혁명"인 것 같습니다.

하지만, 저는 우려되는 점이 있습니다. 과거 지금의 제4차 산업혁명처럼 이전 정권들에서 이슈가 되었던 "녹색", "창조"는 모두 사라졌습니다. 제4차 산업혁명도 정권이 바뀌면 사라져 버리게 될까에 대한 걱정이 있습니다. 따라서 정권의 변화와는 별개로 제4차 산업혁명이 지속적으로 추진되었으면 하는 것이 저의 바람입니다.

그러므로 학회에게 주어진 과제들의 실체를 조금 더 분명하게 전달할 필요가 있다고 생각됩니다. 즉, 추상적인 명령어들의 집합(macro)이나 과학적인 허구(scientific fiction)보다는, 구체적인 현장에서 나오는 문제 중심으로 사고하고 이를 해결해 나가야 한다고 생각합니다.

지금 전 세계는 2006년도에 독일의 한 연구 그룹이 만든 Industry 4.0에 대해서 맹목적으로 추종하고 있습니다. 그러나, 제가 드리고 싶은 말씀은 제4차 산업혁명이라고 하는 도전과 함께 이제 우리는 과감한 변화를 통해 새로운 흐름을 만들어 내기 위해 고민해야 할 시점이라는 것입니다. 그러한 새로운 흐름 중의 하나가 문화도 될 것이고, 앞에서 언급되었던 평가 등 세부적인 부분이 될 수도 있을 것입니다.

이찬구 학회장 : 예. 설교수님 너무 감사드립니다. 방금 설교수님께서 한국기술혁신학회와 함께 고민했던 주제를 말씀해주셨고, 앞으로 10년, 20년 후에 또 우리의 정책화두, 정책이슈가 나오겠지요? 그것들을 우리 스스로가 적극적으로 만들어 나가면 좋겠습니다. 과거에는 남의 것을 따라갔지만, 앞으로는 우리 것을 스스로 만들어나가는 그런 역동적인 학회가 될 수 있기

를 바랍니다. 박상열 원장님 한 말씀 더 부탁드리겠습니다.

박상열 원장 : 네, 앞서 KISTEP 임기철 원장님께서 말씀해 주신 연구과제중심제도(PBS)같은 것들은 우리 출연연구원에게는 정말 치명적인 약점이 될 수 있는데, 그런 것들을 과감하게 말씀해 주셔서 이것 역시 행동하는 혁신의 하나가 아닐까 생각되며, 이러한 과감한 개혁, 혁신들이 앞으로 더 많이 기대됩니다.

최근 개인적으로, "우리는 왜 변화하지 못할까?" 아니면, "왜 우리는 어려운 과제를 해결하지 못하고, 묶여 있을까?"에 대해서 많이 고민했는데, "우리가 너무 열심히 일을 해서 그렇지 않을까?" 하는 생각이 들었습니다.

즉, 서로 입장을 달리하는 당사자들이 너무 열심히 일을 하고, 본인 입장에서만의 투철한 철학을 가지고 있을 때 변화가 어렵거나 문제해결이 되지 않습니다. 그러다보니 가장 힘 있는 사람 쪽으로 끌려가는 상황이 되는 경우가 많습니다. 우리가 실제 문제를 풀려면 각각의 입장에서의 변화의 가능성, 서로의 입장을 조금씩 양보할 때의 문제점 등을 냉정하게 평가하여 우선순위를 정해 추진하면 해결될 여지가 있습니다. 그러나 현실에서는 그런 점들이 참 어려운 부분입니다.

현실에서 제3자적 입장에서 객관적이고 냉철한 분석을 통해 상대방의 의견을 수용하여 실질적인 대안들이 만들어질 때, 문제해결이 되고 과거의 틀에서 벗어난 과감한 혁신으로 이어질 거라 생각됩니다. 이런 면에서 학회 회원분들의 역할에 대한 기대가 큽니다.

다음으로 제4차 산업혁명에 대해서 말씀드리면, 개인적으로는 제4차 산업혁명이 가져올 변화들에 대해서 예상하기 어렵기 때문에 기대보다는 '공포감'이 큽니다. 저도 과학기술자로서 기술적 향상을 위한 노력을 하고, 심지어는 코딩도 해보고 합니다만 제4차 산업혁명이라는 화두의 뒤에 숨어있는 기술적인 측면의 진입장벽이 굉장히 높다고 생각됩니다. 혁신의 성공적인 예로 자주 언급되는 IBM이라든가 ADIDAS 정도의 굉장한 ICT 기술력과 자본력을 가진 곳에서는 혁신이 충분히 가능하고, 혁신을 통해 배타적 경쟁력을 가질 수 있습니다. 우리나라도 삼성, LG 등의 대기업이면 혁신이 충분히 가능한 환경이지 않을까 싶습니다. 그렇지만 "우리 산업의 대부분을 담당하는 중소기업에서 기술 변화들을 잘 수용을 해서 새로운 생태계에 같이 참여할 수 있을까"에 대해서는 굉장히 우려가 됩니다.

따라서 정부와 공익을 목적으로 연구를 수행하는 출연연구원이 힘을 합쳐서, 중소기업들을 지원하고 중소기업들이 새로운 산업 생태계에 참여할 수 있도록 하는 일이 굉장히 중요할 거라고 생각됩니다. 많은 분들이 제4차 산업혁명에 대해서 기대치만 높을 뿐, 실제 부딪힐 문제에 대해서는 아직은 치열한 고민이 없어 보입니다. 앞으로 한국기술혁신학회에서도 기술 약자들 또는 자본으로 인한 약자들을 공공부문에서 어떻게 지원하며, 실질적으로 새로운 생태계를 배우고 적응할 수 있도록 하는 것이 굉장히 중요하다고 생각됩니다.

이찬구 학회장 : 네. 박원장님 감사합니다. 현 정부가 주장하는 포용적 혁신 측면에서, 혁신에서 제외되는 또는 혁신으로 인해서 과거 것을 잃어버릴 수밖에 없는 분들에 대한 따뜻한 배려를 우리 학회가 주도했으면 좋겠다는 말씀으로 이해했습니다.

다음에는 한유리 학생에게 말씀 부탁드립니다.

한유리 학생 : 저는 일전에 이찬구 회장님께서 '학회에 관해서 바라는 점들을 말씀을 해주셨으면 좋겠다'라고 말씀하셨습니다. 제가 한국기술혁신학회 회원으로 활동하게 된지 2년 밖에 되지 않아 많은 것들을 알지는 못하지만, 그동안 생각했던 것들을 말씀을 드리고자 합니다.

저는 사실 UST(과학기술연합대학원대학교)라는 특별한 교육 기관에 재학 중입니다. 이것은 한국기술혁신학회가 추구하는 방향인 산학연 교류, 또는 현장과 이론의 조화 측면에서 상당히 부합한다고 생각합니다. 저 역시 학교와 한국기술혁신학회를 통해서 견문을 넓히고 많은 것들을 느끼고 있습니다.

먼저 올해 한국기술혁신학회를 되돌아 봤을 때, 가장 두드러진 점은 신진학자 분과와 대학원생 분과를 신설했다는 점입니다. 그 점에 대해서는 연구자들 간의 역량 차이를 고려해서 저 같은 학생들에게는 부담을 줄여주고 그로 인해서 참여 의지를 높이는 효과가 있다고 생각됩니다. 저 또한 이 자리를 빌어서 감사하다는 말씀 드리고 싶습니다.

최근 과학기술정책 분야는 과학기술, 정치, 경제, 그리고 문화 등 사회 전반적인 현상을 포함하고 있고, 또 ICT 기술 자체에 대한 전문적인 지식 또한 많이 요구되고 있는 상황입니다. 이런 상황을 고려하여 향후 다양한 분야의 다양한 전문지식을 가진 신진학자들의 유입을 위해서 학회가 적극적인 홍보활동을 해주셨으면 하는 바람입니다.

이찬구 학회장 : 예. 감사합니다. 우리 젊은 신진학도 후학이 앞에 계신 선생님들에게 굉장히 크고 간절한 부탁을 올렸습니다. 한유리 학생의 요지는 젊은 신진학자들에 의해 좀 더 많은 논문 발표와 학술 발표가 이루어질 수 있도록, 학회가 적극적으로 노력해달라는 말로 정리할 수 있겠습니다.

지금까지 제4차 산업혁명, 신정부의 과학기술정책방향, 우리 학회의 미래 역할들에 대해서 다양한 논의가 나왔습니다. 더 많은 이야기를 나누고 싶지만, 주어진 시간이 얼마 남지 않았습니다. 마지막으로 마무리 말씀을 한분씩 들은 후에 마치도록 하겠습니다.

임기철 원장 : 저는 우선 두 가지를 말씀드리도록 하겠습니다. 첫 번째는 과학기술혁신을 위한 법제 연구가 학계에서 적극적으로 수행되었으면 하는 것과, 두 번째는 산업계 현장 혁신을 위한 연구와 이에 대한 학회의 지원활동이 적극적으로 이루어졌으면 하는 것입니다.

먼저 과학기술 혁신을 위한 법제 연구와 관련하여 낡은 시스템을 버리고 새롭게 출발하자고 하는데, 실제로 국가정책을 추진할 때는 반드시 법 규정에 따라 하고 있습니다. 그러나, 실제로 법의 변화속도는 사회나 과학기술계의 변화 속도를 따라오지 못하는 경우가 많습니다. 과학기술정책 연구의 실증분석 결과를 살펴보면, 과학기술법을 대상으로 하고 있는 연구는 그 비중이 매우 작거나 아예 제외된 것으로 보입니다. 따라서 과학기술 법제화에 대한 연구가 매우 시급하다고 생각됩니다. 구체적으로 낡은 규제들을 철폐해야 할 법으로는 「생명윤리 및 안전에 관한 법」과 「개인정보보호법」, 이두 가지가 대표적으로 헬스케어 또는 의료 분야의 선진적인 기술발전을 저해하고 있다고 생각됩니다. 이러한 의료분야 외에도 과학기술 발전과 혁신을 저해하고 있는 낡은 규제들이 많은 과학기술 분야에서 법제 연구가 활발히 수행되었으면 합니다.

두 번째는 산업 현장 혁신을 위한 연구의 적극적인 수행과 관련하여, 앞서 설성수 명예회장님이 말씀하셨듯이, 20년 전 학회가 출범할 때에는 현장문제 해결과 현장혁신 중심을 위한 학회가 되자고 주창하였는데, 점점 현장혁신 사례, 현장에서 발생하는 문제해결 등에 관한 연구주제들이 줄어드는 것 같아 안타깝습니다. 그래서 다음 학술대회에는 각 학교 교수님들, 출연연 관계자들 외에도 산업계나 투자자들을 모시고, 모의혁신투자대회 같은 행사를 제안해 봅니다. 이를 통해 학생이나 산업계 종사자들이 혁신적인 과제를 발표하고 학회 차원에서 포상도 이루어지면, 젊은 벤처나 창업에 관심 있는 사람들의 관심을 많이 받을 수 있지 않을까 하는 생각이 듭니다.

이찬구 학회장 : 예. 임원장님, 좋은 제안 감사합니다. 차기 회장님, 저희 학회에서 지금 2가지 공모주제가 있습니다. 첫 번째는 IT기술 혁신, 두 번째는 출연연 행정문화의 혁신인데, 방금 나온 벤처 창업 활성화가 세 번째 공

모주제가 될 수 있을 것 같습니다.

박상열 원장 : 다시 한 번 이런 좋은 기회에 초청해 주셔서 감사드립니다. 많은 외국 R&D 관련 기관장들의 화두는 사회에의 영향(impact), 또는 충격입니다. 그 동안 우리는 R&D 성과를 논문 및 특허 수 등의 계량화된 성과에 많이 치중해 있었습니다. 하지만, 선진국으로 갈수록 과학기술의 성과가 궁극적으로 사회·경제적으로 어떠한 영향을 미쳤느냐가 중요한 평가기준으로 사용되고 있습니다. 우리나라도 그런 변화와 움직임이 있고, 상당히 빠른 시일 내에 영향력의 중요성이 강조될 것 같습니다. 하지만 아직도 우리나라에는 그러한 변화를 방해하는 굉장히 많은 제도적인 요소가 있습니다. 앞서 나온 평가에 대한 계량적, 정량적 평가방식들이 변화를 방해하는 요소의 대표적인 예라고 생각됩니다. 저희 기관 내에서도 이를 개선해 보려고 노력하고 있긴 하지만, 학회와 함께 실효성 있고 실천 가능한 대안을 도출할 수 있기를 기대해 봅니다. 그런 측면에서 저희 연구기관이 학회와 어떻게 함께 일할 수 있을지에 대해 고민해 보겠습니다.

강대임 원장 : 오늘 이렇게 초청해 주신 것에 대해서 감사드립니다. 과거 경험을 되돌아보면, 연구자들이 아무리 좋은 정책제안을 하더라도 현장에서 먼저 성과를 보여주면 수용하겠다는 논리로 접근하여 제대로 수용되기가 어려웠습니다. 결국은 과학기술 정책이 사람 중심, 연구자 중심으로 나아가야 할 것이며, 제4차 산업혁명 시대에도 마찬가지로 사람중심의 정책이 되어야 한다고 생각됩니다. 따라서 학회 차원에서도 사람 중심의 정책으로 나아가야 함을 적극적으로 인지해 주시기를 바랍니다.

또한 앞에서 언급된 PBS에 대해 추가적으로 말씀드리면, 국방과학연구소(ADD)는 이미 PBS를 과감하게 폐지했습니다. 우리나라에서도 사례가 있고, 앞으로 PBS가 전격 폐지되어야 함을 다시 한 번 더 강조하고 싶습니다. 또한 기초과학연구원(IBS) 등에서 활용하는 국내의 새로운 평가 사례를 적극적으로 발굴하여 참조하시고, 우리 한국기술혁신학회가 여러 가지 지원역할을 해주셔서 정부에 현장의 의견을 개진해 주시면 좋을 것 같습니다.

이찬구 학회장 : 예. 감사합니다. 학회에 바라는 일은 내부에서만 논의가 되는 것보다는 외부 의견을 최대한 많이 반영해야 하지만, 오늘 오신 네분 말씀으로 대신하도록 하겠습니다. 오늘 나온 말씀들을 종합해 보면, 정책의 경로의존성을 어떻게 벗어날 것인가 하는 것인데, 그것을 위해서는 결국 '정책·제도 혁신'이 이루어져야 할 것입니다. 또한 이러한 정책·제도 혁신을 위한 뒷받침으로 '문화'가 함께 해야 한다는 의견으로 종합하여 정리하겠습니다.

앞서 박원장님, 임원장님, 강원장님께서는 초청해 주셔서 감사하다고 말씀하셨는데, 오히려 이 세분들께서 오늘 이 자리에 참석해 주셔서 감사드립니다. 오늘 논의를 통해서 연구현장에 계신 외부 시각을 통해서 저희 학회의 미래 역할 등을 객관적으로 볼 수 있었던 소중한 기회가 되었다고 생각합니다. 또한 한유리 학생, 오늘의 기회를 발판으로 앞으로 우리 한국기술혁신학회에 많은 기여를 할 수 있기를 바랍니다. 오늘 이 자리에는 신진학자, 학생들을 많이 모시고 싶었지만, 공간적인 문제로 대표로 한 분만 모셨던 점 이해부탁 드리며, 내년을 기약해 주시면 감사하겠습니다.

한 시간에 걸쳐서 우리 현대 사회의 흐름인 제4차 산업혁명, 그리고 그것을 구현할 수 있는 과학기술정책 방향과 우리 학회의 미래 역할에 대해 개략적으로나마 논의해 보았습니다. 오늘의 논의가 출발점이 되어 저희 학회의 미래 20년이 더욱 풍부해지고 알차지기를 바라는 마음과 함께 마치겠습니다.

감사합니다.

한국기술혁신학회 창립 20주년 기념행사 (2017. 11. 2.)

"

Challenges for the Future

"

미래를 위한 도전

미래를 위한 도전

●

　　　　　　　앞서 수행된 과학기술정책 연구의 패러다임,
지식구조 역할에 대한 논의와 과학기술정책 연구에 대한 연구현장의 시각
을 살펴보기 위한 원탁토론회를 통하여, 연구진은 2017년도 현재의 대한
민국에서 과학기술정책 연구가 가지고 있는 현상 및 특징을 다음과 같이
도출할 수 있었다.

　첫째, 우리나라의 과학기술정책학은 아직은 패러다임 형성 이전의 단계
에 머물고 있다는 잠정 결론을 내렸다. 이는 과학기술정책을 연구하는 학자
들의 학문 배경에 따라 연구대상인 과학기술정책에 대한 정의 자체가 다양
하며, 이에 따라 과학기술정책학의 핵심 연구범위 역시 각자의 모(母) 학문
인 기술혁신론, 기술경영경제학, 정책학의 관점에서 논의하고 있기 때문이
다. 즉, 과학기술정책 연구에서는 특정 학문이 독자적인 분과 학문으로 존
재하기 위해 필수적인 '학문 자체의 정의'와 '핵심 연구범위'에 대한 학계의
공감대가 아직은 낮은 상태라고 볼 수밖에 없는 상황이다.

둘째, 과학기술정책 연구의 경향은 서울·대전 지역과 대학·출연(연)에서 대부분의 연구가 수행되고 있으며, 연구범위별로는 연구관리와 기술혁신 분야가 70% 이상을 차지하는 것으로 나타나고 있다. 연구의 지식구조는 연구관리, 기술혁신, 과학기술 공공관리, 과학기술 정책과정 순으로 군집이 형성되어 있음을 확인할 수 있었다. 연구의 지식흐름은 초기에는 연구자, 연구개발투자 등 일반적인 주제로부터 시작되었으나, 최근에는 기술혁신체제, 연구성과 활용 등으로 다양화·세분화되는 것으로 분석되었다.

셋째, 과학기술의 사회이슈, 학술연구, 정부정책의 상호작용 분석에서 과학기술정책 연구는 거시적이고 통합적인 시각보다 주로 급변하는 기술혁신에 신속하게 대응하려는 미시적 수준에서의 단편적 연구가 많은 것으로 나타나고 있다. 그럼에도 불구하고 우리나라의 과학기술정책 연구는 시간이 경과하면서 연구주제의 성숙도를 높이면서, 사회적 반응성을 높이는 공진화 현상을 보여 주고 있다. 또한 이 과정에서 사회이슈, 학술연구, 정부정책 간에 시차 현상이 발생하고 있음을 확인할 수 있었다.

넷째, 원탁토론회를 통해 과거 우리나라의 과학기술정책 연구는 주제선정이나 정책과정에의 참여에서 선진국을 모방하거나 정부정책을 뒷받침하는 추격형 중심이었음을 재확인할 수 있었다. 또한 혁신연구에서는 급진적 또는 파괴적 혁신에서 소외되거나 혁신의 피해자들을 대상으로 하는 포용적 혁신에 대한 연구가 부족하였고, 정책기획, 정책결정, 정책평가 등의 정책과정 전반에서는 제도적인 사항에 치중하여 정책대상자와의 의사소통과 같은 정책문화 측면에 대한 연구가 상대적으로 소홀하였다는 의견이 제시되었다.

이상의 연구결과를 바탕으로 할 때, 2017년 현 시점에서 우리나라의 과학기술정책 연구가 차지하는 영역과 위치를 직관적으로 제시하면 (그림 14)와 같이 나타낼 수 있을 것이다. 즉, 과학기술정책 연구는 기본적으로 사회과학의 영역에 속하면서, 연구대상의 특성으로 인해 내용적으로는 자연과학과 공학의 영역을 일부 포함하고 있다. 또한 사회과학의 목적인 현상설명(사실)과 문제해결(가치)의 관점에서 보면, 과학기술정책 분야에서의 과학적이고 체계적인 인과관계 증명보다는 현안인 정책문제의 해결을 통한 변화추구의 역할이 좀 더 강한 것으로 판단된다.

이러한 판단의 근거는 가장 먼저 우리나라의 과학기술정책 연구가 아직은 학계가 공감할 수 있는 패러다임이 형성되어 있지 않아 핵심적인 연구범위와 독자적인 연구방법 및 이론 등이 확립되어 있지 않기 때문이다. 또한 연구의 지식구조와 역할에서도 연구관리 및 기술혁신 등 다소 미시적 수준

(그림 14) 2017년 현재의 과학기술정책 연구 영역

학문성격 \ 학문분야	자연과학/공학	사회과학	인문학
문제 해결 (변화 추구)	공학	정치학, 사회학 <과학기술정책학> 정책학 경제학	신학, 철학, 윤리학 역사학
현상 설명 (인과 관계)	수학 물리학, 화학, 생물학	행정학, 경영학 법학, 심리학	문학, 언어학

주 : 이 그림에서 개별 학문의 위치는 해당 학문이 추구하는 대표적인 정향성(定向性)을 나타내고자 직관적으로 표현한 것임.

의 연구주제가 중심이어서, 윤리, 문화 인식 등의 민감한 사회적 이슈에 정책연구가 충분히 반응하지 못하기 때문이다.

앞으로 국가 및 국제사회의 정책환경에서 과학기술의 영향은 급증할 것이고, 과학기술 지식의 충분하고도 합리적인 활용은 다양한 수준에서의 정책문제 해결을 좌우할 수 있는 핵심 역량으로 작용할 것이다. 이런 관점에서 지금은 신생 학문이라고 할 수 있는 과학기술정책 연구를 현상설명과 문제해결이 균형을 이루는 독자적인 학문 영역으로 발전시켜야 할 임무가 학문 공동체에게 주어졌다 할 것이다. 학계의 이러한 책임감은 지난 20년을 성찰하고 또 다른 20년을 준비해야 하는 한국기술혁신학회로서는 매우 도전적인 일이면서도 즐거운 일이라고 할 수 있을 것이다.

이런 관점에서 향후 대한민국의 과학기술정책 연구가 지향해야 할 방향을 (그림 15)와 같이 선언적으로 제안하고자 한다. 우선적으로는 기존의 문

(그림 15) 미래의 바람직한 과학기술정책 연구의 발전방향(안)

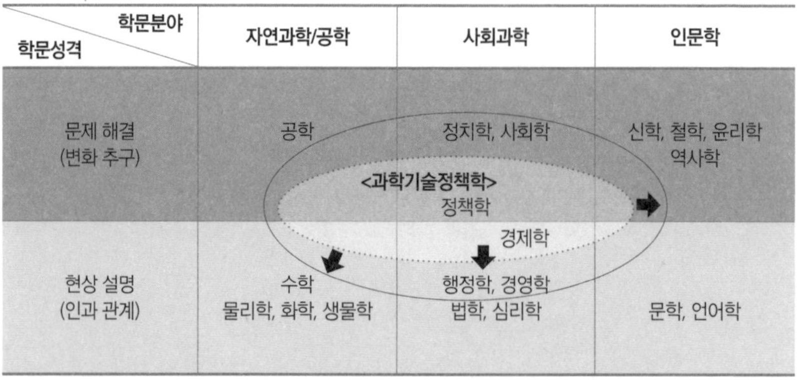

학문성격 \ 학문분야	자연과학/공학	사회과학	인문학
문제 해결 (변화 추구)	공학	정치학, 사회학 / <과학기술정책학> 정책학	신학, 철학, 윤리학 역사학
현상 설명 (인과 관계)	수학 물리학, 화학, 생물학	경제학 / 행정학, 경영학 법학, 심리학	문학, 언어학

주 : 이 그림에서 개별 학문의 위치는 해당 학문이 추구하는 대표적인 정향성(定向性)을 의미하는 것이며, 화살표는 과학기술정책학의 미래 발전 방향을 직관적으로 표현한 것임.

제해결 능력에 더하여 차별화되는 연구범위를 독자적인 이론과 방법론으로 좀 더 과학적이며 체계적으로 설명할 수 있어야 할 것이다. 다음으로는 여러 사회이슈를 좀 더 효과적으로 과학기술정책 연구에 반영하기 위해서는 철학과 윤리학 등의 인문학적 관점이 강화되어야 할 필요가 있다. 이처럼 기존의 사회과학과 자연과학·공학 중심에서 인문학적 관점을 강화함으로써, 과학기술정책 연구는 다학제적인 성격을 유지하면서도 현상설명과 문제해결의 균형을 추구하는 독자적인 학문 영역으로서의 정체성을 확립할 수 있을 것이다.

앞에서 제안한 선언적인 과학기술정책 연구의 발전방향이 실현되기 위해서는 제2장의 실증연구와 제3장의 원탁토론회에서 도출된 문제점들이 순차적으로 해결되어야 할 것이다. 이하에서는 각각의 내용을 좀 더 구체적으로 논의하고자 한다.

첫째, 향후 과학기술정책 연구가 독자적인 학문 정체성을 갖기 위해서는, 우선적으로 과학기술정책학 자체에 대한 학문적 정의와 핵심 연구범위가 설정되어야 할 것이다. 이를 위하여 연구진은 과학기술정책학의 정의를 '과학기술 활동 및 과학기술과 관련된 정치·경제·사회·문화의 제반 현상을 연구·분석함으로써, (1) 과학기술 자체의 발전을 도모하면서 (2) 과학기술을 활용하여 국가와 공공 부문의 문제해결 능력을 높이고자 하는 정책지향적인 학문'으로 제안하였다. 그리고 이러한 학문의 정의를 반영하여 과학기술정책학의 '연구범위'를 (그림 16)과 같이 (1) 과학기술 정책과정, (2) 과학기술 공공관리, (3) 연구관리, (4) 기술혁신의 4대 부문으로 제안하고자 한다. 그리고 4대 연구범위는 각각 5개의 세부 연구범위를 포함하여 총 20개의 연구범위를 설정하였다.

(그림 16) 과학기술정책학의 연구범위 제안

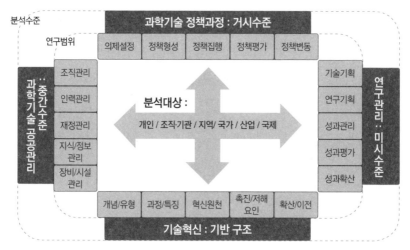

자료 : 이찬구 외(2016: 36) 수정 및 보완

이 중에서 '과학기술 정책과정'과 '과학기술 공공관리'는 이 연구에서 제안하는 과학기술정책학의 학문적 정의를 반영하는 새로운 내용이며, '기술혁신'과 '연구관리'는 기존 연구들도 대부분 포함하고 있는 과학기술정책학의 연구범위라고 할 수 있다. 특히, 향후에는 우리나라의 과학기술정책이 과거의 추격형에서 선도형으로의 전환이 시급한 만큼, 과학기술 정책과정 중에서도 정책의제 설정과 정책형성에 대한 연구가 대폭 강화되어야 할 것이다. 이를 통하여 우리나라의 과학기술정책은 우리 스스로가 미래의 환경변화를 예측하고, 이에 대응하기 위한 정책문제를 주도적으로 발굴하며, 이를 해결하기 위한 선제적인 정책목표와 창의적인 정책대안을 개발하는 능력을 갖추어야 할 것이다.

둘째, 과학기술정책 연구의 균형성을 확보하기 위해서는 서울과 대전 지역 편중, 연구원과 대학교수 중심, 연구관리와 기술혁신 강조 등의 불균형이 극복되어야 할 것이다. 따라서 향후 과학기술정책 연구는 특정 지역에만 편중되지 않게, 서울·경기 지역, 대전·세종 중심의 충청 지역, 부산·경남의 부경권 등으로 지역거점을 확대해야 한다. 또한 대학 및 정부출연 연구기관 이외에 산업체의 현장요구를 정책문제로 반영하기 위한 연구들이 적극적으로 이루어져야 할 것이다. 그리고 향후 과학기술정책 연구가 균형 있는 학문분야로 성장하기 위해서는 기존의 연구관리와 기술혁신 분야에 더하여 과학기술 정책과정과 과학기술 공공관리 분야의 더 많은 연구가 수행되어야 한다.

셋째, 과학기술정책 연구가 사회이슈와 정부정책과의 관계에서 대응성을 높이기 위해서는 균형적인 과학기술정책 연구, 통합적인 연구시각, 다학제적 융합연구 확산 등이 논의되어야 한다. 먼저, 과학기술정책의 사회적 수요는 국가경쟁력 제고뿐만 아니라 일상생활의 크고 작은 사회문제로까지 확장되는 경향을 보이고 있다. 따라서 향후 과학기술정책 연구는 기업차원의 미시적 실증 분석을 통한 증거기반 정책 연구뿐만 아니라 사회 수요 기반의 연구주제 발굴, 거시 담론 수준에서의 국가 과학기술정책 제시 등 연구주제의 균형성을 확보할 필요성이 커지고 있다. 다음으로, 과학기술의 사회적 수용성을 높이기 위해서는 기술위험, 혁신의 확산 저해 요인 등 과학기술의 사회적 파급효과까지도 고려한 통합적 대응을 위한 연구가 강화되어야 한다. 마지막으로, 과학기술정책의 실효성 확보를 위한 실천적 연구 방향으로 위험 거버넌스, 과학기술 문화 등 사회·문화·행정의 요소를 고려한 다학제적 융합연구를 강화해야 할 것이다.

넷째, 연구현장이 인식하는 과학기술정책 연구의 미래 방향은, 선진국 정책 및 이론의 답습이 아닌 한국적 정책사례와 모델 구축 등 우리만의 독자적인 연구흐름을 만들어 가는 것이다. 또한 혁신의 피해자나 소외자를 연구대상에 포함하는 포용적 혁신을 통해 행복한 세상을 만들어 나가는 방향으로 과학기술정책 연구의 기조를 전환하며, 정책과 제도의 실질적인 성공 요인으로 작용하는 정책문화에 대한 연구를 강화하는 것 등으로 정리할 수 있을 것이다.

이상에서 한국의 과학기술정책 연구가 현상설명과 문제해결이 균형을 이루는 독자적인 학문 분야로 발전하기 위한 방안들을 논의하였다. 향후 과학기술정책 연구가 정책학의 전문영역의 하나로서 '과학기술정책론(論)'으로 발전할지, 아니면 과학정책, 기술정책, 혁신정책 등에 관한 연구내용을 포괄하면서도 정책학, 행정학, 과학학 등의 다른 학문과 구별되는 독자적인 '과학기술정책학(學)'으로 발전할 수 있을지는 현재로서는 예단할 수 없을 것이다. 그러나 지금의 논의를 출발점으로 하여 향후 우리 사회의 가장 큰 환경변화로 작용하게 될 과학기술이라는 현상을 자연과학, 사회과학, 인문학 등의 다학제적 관점에서 설명하고 문제를 해결하는 새로운 학문 분야가 굳건하게 자리 잡을 수 있기를 기대한다. 그리고 앞으로의 길고 쉽지 않을 긴 여정에서 한국기술혁신학회의 축적된 역량과 담대한 도전의식이 가장 큰 힘이 될 것으로 확신한다.

한국기술혁신학회 창립 20주년 기획연구 ❶

한국 과학기술정책 연구 : 성찰과 도전

초 판 2018년 5월 25일

지은이 이찬구·권기석·김은미·오현정·정서화
펴낸이 이찬구
펴낸곳 충남대학교 국가정책연구소
        34134 대전광역시 유성구 대학로 99 생활과학대학(N14) 314호
        Tel. 042.821.8026~7 Email. gnppcnu@cnu.ac.kr http://www.gnppcnu.org/
디자인 이성현

발행처 임마누엘
        등록번호: 대전 중구 143호 (2002년 11월 27일)
발행인 오인탁
        디자인연구소: 소장 김윤학, 선임연구원 이성현
        대전광역시 중구 선화로 106 (임마누엘 빌딩 1층)
        Email. 2536168@hanmail.net Tel. 042.253.6167~8 Fax. 042.254.6168
총 판 가나북스 www.gnbooks.co.kr
        문의. 031.408.8811 Fax. 031.501.8811

ISBN 978-89-98694-35-7 93350 (값 18,000원)
* 잘못되거나 파손된 책은 구입처에서 교환해 드립니다.

이 도서의 국립중앙도서관 출판도서목록(CIP)은 서지정보유통지원시스템 홈페이지(http://seoji.nl.go.kr)와
국가자료공동목록시스템(http://www.nl.go.kr/kolisnet)에서 이용하실 수 있습니다. (CIP제어번호 : CIP2018015354)